國際貿易概要

何顯重 著

三民書局印行

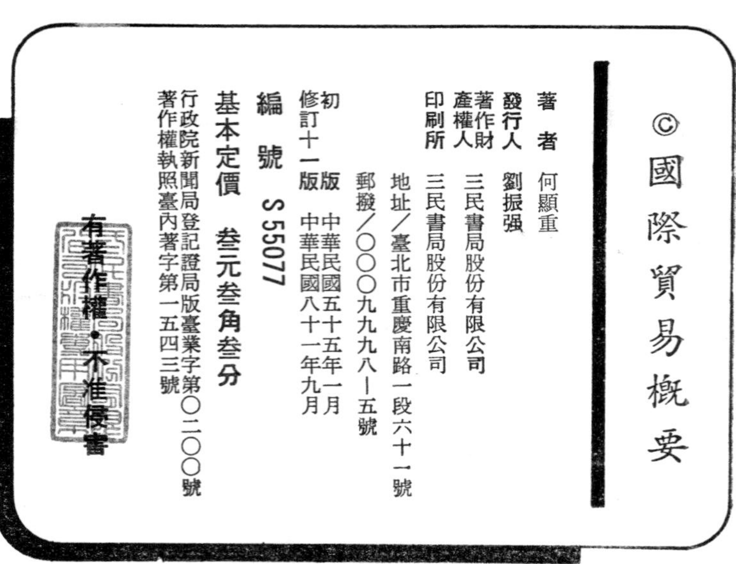

© 國際貿易概要

著　者　何顯重
發行人　劉振强
著作財產權人　三民書局股份有限公司
印刷所　三民書局股份有限公司
地址／臺北市重慶南路一段六十一號
郵撥／〇〇〇九九九八－五號
初　版　中華民國五十五年一月
修訂十一版　中華民國八十一年九月
編　號　S 55077
基本定價　叁元叁角叁分
行政院新聞局登記證局版臺業字第〇二〇〇號
著作權執照臺內著字第一五四三號

ISBN 957-14-0450-0 (平裝)

人文科學概要叢書編刊序言

近年我國學術日趨進步，教育日趨發達，用人行政亦漸步入正軌，諸如大專學校林立，出版事業振興，各種考試經常舉辦，是其明徵，誠屬國家社會發榮滋長之新氣象。

惟一般大專學生及各種應試人員，在修習課業或準備考試之際，常苦之**內容簡明而水準高超**之書籍可讀，甚至社會人士之有志研求學問者，亦常感無進修之階梯，故目前對於**瞭解全般（概）而又把握重點（要）**之概要讀物，實有迫切而普遍之需要。

本書局有鑒於此，爰先就人文科學方面，敦請著名學者教授撰著各科概要，彙為叢書，次第梓行，期能**為治學立基礎**，**為應試作引導**，聊盡出版服務之責；尚祈國內宏達賜予匡助，各方讀者廣予支持，出版同業惠予協作，俾本叢書得益見其充實與擴展，無任感幸之至。

三民書局編輯委員會　謹識

中華民國五十二年八月

論我國對外貿易制度與政策的演進

何顯重

民國五十七年九月，行政院為適應國際經濟新形勢及配合行政改革等需要，決定將外滙貿易審議委員會職權及業務，劃歸財政部、經濟部、及中央銀行分別掌理，歸還正常建制。外貿會已於該年底結束；經濟部國際貿易局及中央銀行外滙局亦已分別設立。政府此一決定，並不是我國對外貿易制度與政策的改變，而是經過多年來的努力，奠定優良的基礎以後，繼續對制度及政策方面作進一步的加強，以配合當前需要。筆者近年來在國立政治大學國際貿易系講述「臺灣對外貿易問題」，曾經對十餘年來我國外滙貿易制度及政策，作較廣泛之研究，深認為外貿會十四年來，在制度及政策上業已奠定了優良的基礎，確立了正確方向。茲試作一重點的分析，兼論今後在制度上及政策上我們所應改進的方向。

一、確立基本政策

民國三十八年六月，臺灣實施幣制改革，當時希望透過黃金儲蓄與自由外滙，以穩定新臺幣對內對外價值，但因客觀環境的變易，僅有短暫時間的穩定。該年十月以後，隨大陸局勢之惡化，新臺幣發行數量激增，物價波動甚劇，金鈔黑市跟踪上漲，進口外滙申請更形擁擠，遂使金鈔黑市與物價互相哄抬及影響。臺灣銀行不得不拋售黃金美鈔作為穩定物價滙價的手段，但拋售政策已到山窮水盡的階段。到四十年初，黃金儲蓄及拋售黃金總共消耗黃金近兩百萬市兩；外滙存底不但告罄，且積欠國外銀行的外滙達一千零五十萬美元。臺灣銀行開發的信用狀，已被外國銀行所拒收，其情況之惡劣，可以想見。自此時起，政府始確立外滙貿易管理的基本方針。四十年四月九日，行政院頒佈「黃金外幣處理辦法」，又稱為「新金融措施」。主要規定黃金外幣祇許持有不許買賣，完全拋棄過去拋售黃金外滙來穩定物價的政策，轉而致力於國際收支及財政收支的平衡。這是我國在外滙政策上一大轉捩點，也奠定了國內金融穩定的基礎，近兩年來，未受國際金融波動的影響。此亦為主要因素。五十七年七國中央銀行所商定的「雙層金價制度」，甚類似我國在十九年前所決定的基本政策。

二、建立外貿制度

三十八、九年期間，我國外貿政策始終舉棋不定。但自四十年起，適當的管理進口，有效的推動出口，已成為我國不變的政策。因為平衡國際收支，是穩定貨幣價值基本條件之一。在出口貿易尚未擴展，貿易逆差，外滙資金極為短絀情形下，必須對外滙貿易作適當管理。尤以四十年初，估計當年可供撥用之外滙資源僅三千五百萬美元，而進口物資及滙出滙款等外滙需要有增無已，外滙情況更倍感困難。四十年四月，配合「新金融措施」之實施，為期增進對外滙使用的效率，在產業金融小組之下，設置兩個初審小組，辦理初審核工作。一為進口外滙初審小組，另一為普通滙款初審小組，辦理逐案初審工作。每週將所有各案的審查結果加以彙編，提報產金小組核定。上述兩個初審小組，名義上隸屬產金小組，但其實際工作則在臺灣銀行，由臺銀董事長兼任產金小組召集人。在當時外滙情況極為惡劣的情形下，一方面由於外滙審核制度之建立，另方面美國政府及時給予緊急經濟援助四千一百餘萬美元，對當時的外滙調度極有幫助。我們不能否認，我國對外貿易能有今日的發展，經濟建設能有今日的成就，此一時期有關外貿基本政策的確立，以及外滙審核制度的開始建立，實是一重大關鍵。

四十二年六月，行政院頒佈調整財經機構辦法，以集中事權，分明責任，在外滙貿易方面，將原有之產金小組改組為外滙貿易審議小組，直隸於臺灣省政府，並受財政部、經濟部之指導，並將與外滙貿易有關之機構均併於該小組。

四十三年時，世界糖價下跌，國際市場萎縮，以致我國輸出大受影響，該年我輸出值銳減至僅有九千七百餘萬美元，外滙頭寸異常緊絀。該年年底，臺灣銀行的外滙存底又出現負數，淨欠國外銀行之外滙三百三十餘萬美元。為對外滙貿易管理重新佈署，以適應當時環境，四十四年二月，行政院決議將外滙貿易管理業務移歸中央辦理，設置行政院外滙貿易審議委員會，擴大並強化外滙貿易管理的功能。至此，確立了集中調度外滙及逐案審核外滙的審議制度，同時審議與執行分開，兼收協調與牽制之雙重效果。這一時期可說是我國擴展對外貿易的第二個重要階段。

三、簡化外滙滙率

外貿會成立以後，在外滙貿易上，發揮聯繫協調及推動的功能，先謀治標，再繼續研求治本辦法，以積極擴展我國對外貿易。

在治標方面，在外滙資金短絀情形下，初期曾經採取「以價制量」的方法，也就是採取複式滙率，限制進口，期使外滙作最有效的運用。在三十八年六月新臺幣改革時，係採自由申請制度，以期穩定對新臺幣的信用。但為時不久，因外滙供應及調度困難，三十九年三月，開始採用二元滙率，卽官價滙率與代購公營事業結滙證價格，及代購公營事業結滙證與美金寄存證兩種滙率。四十年初，卽開始嚴格審核進口外滙，外滙滙率亦隨之逐漸多元化，迄四十六年底，外滙滙率已達十餘種，構成多元的複式滙率制度。

採用複式滙率的主要原因在減少外滙消耗。外滙滙率，係本國貨幣與外國貨幣的滙兌比率，應以單一滙率為原則，但在外滙短絀及調度困難；國際收支不易維持之時，勢須調整滙率。若全盤調整滙率，對物價影響至為重大。故為穩定重要物品的價格，不得已採用複式滙率對滙率作局部的調整。採用複式滙率的另一主要原因，係在節省外滙使用。重要物品及原料器材適用較低的進口滙率，以穩定物價及生產；其他物品適用較高的進口滙率，以限制輸入及減少外滙消耗。同時，採用複式滙率時，對於進口外滙的審核亦較為嚴格。

但過於複雜的外滙滙率結構，對生產貿易及管理技術上，免不了產生多方面的缺點，故在外滙供應充裕時，外貿會即致力於恢復單一滙率及進口外滙自由申請制度。四十七年初，外滙供應情況較為正常，該年四月，乃實施滙率改革，先簡化為二元滙率，再逐漸恢復採用每美元合新臺幣四十元單一滙率，並實施進口外滙自由申請制度。五十二年以後，取消結滙證制度，建立正常的單一滙率制度，更逐漸放寬各種進口管制，並積極促進輸出。從積極促進輸出的途徑，爭取更多的外滙收入，以充裕供應更多的外滙，因而，進口外滙自由申請制度，得以貫徹實施。

四、積極推動出口

五十二年為我國擴展對外貿易的另一重要關鍵。外貿會在此以前，重點在有效運用進口外滙，節省外滙支出，開源方面，為增加外滙收入，仍不免着重以消極的方法來鼓勵出口，例如，以複式滙率及直接貼補方式來鼓勵出口廠商等等。臺灣由於海島經濟的特質，天然資源非常貧乏。五十二年以後特別注重推廣輸出的客觀因素，以衝破自然條件的侷限。也就是以積極的推動，化普消之性鼓勵。其中具有創造性的措施，例如：

（一）對直接生產者的鼓勵：本省許多農產品及農業加工品輸出，皆應歸功於直接生產者的貢獻，然而一般生產者因不諳國際市場情況，受中間人剝削，致收入與勞力不成比例，因而，欲加強推廣輸出，必須對出口貨品直接生產者予以鼓勵，保障其利益，提高增產興趣，達成輸出增加的目的。茲以香蕉為例，來說明這一措施在輸出方面所發生的作用與效果。

五十二年以前，香蕉百分之九十五以上由貿易商出口，直接生產者對香蕉輸出價格無力過問，蕉農收入微薄，植蕉興趣低落，每年可供輸出數量，少是幾十萬簍，多時不過一百餘萬簍，外滙收入僅約八百萬美元。自五十三年起，政府實施產銷團體五五出口制，提高香蕉收購價格，蕉農所得增加甚多，不但植蕉面積擴張，單位產量增加尤速，適可配合日本香蕉進口自由化之情勢，結果香蕉輸出值自原來不足一千萬美元之紀錄，急劇遞增至五十七年之五千七百餘萬美元，短短四、五年間，輸出值增加五倍以上，在各項輸出貨品中，躍居第五位。

（二）計劃產銷與聯營出口：為求提高品質，適量產銷，統一對外報價，以配合國際市場需要，自五十二年起，視產品性質與市場情況，分別釐訂各種不同之推廣輸出計劃，其中洋葱、柑桔採統一供應方式，香茅油採統一報價，洋菇、香蕉、鳳梨及蘆筍等實施計劃產銷。同時，棉紡織品、鋼鐵、水泥、紙張、味精等項目，亦團結業者，提高品質，力求協調，或統一對外報價，或聯營出口，以增強國際競爭能力。

（三）加强鼓勵加工外銷：加工輸出工業，係依賴輸入原料加工出口退稅之規定，及利用本省勤勉低廉勞力之有利條件而發展，加工輸出貨品如紡織品、合板、鋼鐵製品、化學品等，十年前，大部份本省並無生產，而今成為重要輸出貨品。

（四）財政金融措施之配合推動：為給予輸出業者以更多協助，除舉辦外銷退稅外，更實施計劃性外銷貸款及臨時性外銷貸款兩種，並擴大承辦貸款之機構，降低其利率，僅及一般商業銀行貸款之一半，便利外銷廠商獲得低利資金週轉，藉以增加其營運能力。

（五）加强出口檢驗：五十二年以前輸出貨品檢驗僅限於農產品及農業加工品，五十二年以來，由於工業產品輸出日增，為提高國產品品質，建樹國際信譽，陸續擴大輸出貨品之檢驗範圍，嚴格規定依照國家標準辦理。目前主要工業產品，均須憑檢驗合格證書，纔能輸出。外貿會亦由推廣外銷特種基金撥款。補助檢驗局擴充改善設備及研究發展，以應需要。

（六）提高產品品質：為維護優良商譽，爭取國際市場，政府有關部門經常督促廠商，注意輸出貨品必須與接受訂貨之樣品或合約相符，品質必須保持國際水準，依約準時交貨，同時嚴格檢查工廠生產設備，嚴禁採用不合格原料，並予生產技術指導。至凡未依貨樣及合格交貨，均予從嚴處分，責令賠償，以維國際信譽。

（七）開闢國外市場：四十六年，我國輸出市場僅有五十個，五十七年已增至一百二十五個國家或地區。原有市場之維持及新市場之開拓，多賴政府各部門，民間和駐外機構之通力合作，外貿會針對東南亞及拉丁美洲市場，特設東南亞小組及中南美小組，專司推動該地區貿易，而駐外使節及經濟商務人員，以及中信局等機構駐外代表，對我與駐在國之貿易，無不盡力推動。

五十二年開始，外貿會經採取各項積極性推動出口措施以後，我國出口貿易增長極為迅速，茲將主要輸出品六年來增長趨勢，列表如下：

（單位：美金百萬元）

主要輸出品	五十二年輸出值	五十七年輸出值	增加比率%
紡織品	四四・五	二〇三・五	三五七・三
香蕉	九・〇	五七・二	五三五・六
化學製品	一九・五	五六・三	一八八・七
五金製品	二五・一	九七・九	二九〇・〇
合板	一八・五	八一・五	三四〇・五
洋菇罐頭	一六・二	三〇・七	八九・五
蘆筍罐頭	—	三三・一	—

五、合理放寬進口

管理進口的目的，在於撙節外滙使用，並對國內工業作適當之保護。五十二年以來，因農工生產事業發達，輸出大量增加，外滙供應充裕，為免使國內企業過份依賴保護，增強其國際競銷能力，並兼顧消費者利益，外貿會對進口管理乃逐步作合理的放寬。

關於降低保護國內工業的尺度，外貿會對「貨品管制進口準則」，曾於五十三年及五十六年兩度修正。國產品出廠價格，最初訂定，不高於同類進口成本百分之二十五者，得申請管制同類外貨進口。上述的進口成本，係包括C&F價格及應繳納進口關稅等。五十三年時，將上述尺度降低為百分之十五，五十六年時再降低為百分之十；但同時規定，國內重要工業或新興事業的產品，經工業主管機關建議，專案核定者，在一定期間內，其出廠價格高於同類貨品的進口成本，得不受百分之十的限制，仍以不超過百分之十五為度。

五十二年以前，改列為管制進口類的項目，較改列為准許進口類的項目為多。之後，因外滙供應充裕，為配合經濟發展的需要，改列為准許進口類的項目增加，改列為管制進口類的項目逐年減少。近年改列為管制進口類者，多係基於治安或衛生理由，凡無繼續管制進口必要的項目，均予開放進口。目前屬於准許進口類項目的進口金額，在輸入總值中，已超過百分之七〇以上。

對進口管制之放寬，主要在配合經濟發展，放寬資本設備之進口，玆將六年來輸入貨品分類佔輸入總值比重，列表如下：

年度	資本設備	農工原料	消費品
五十二年	二三%	五二%	二五%
五十七年	三七%	四七%	一六%

六、今後外貿制度與政策之展望

十九年來，我國對外貿易業已逐步建立制度，政策上依照各階段的需要，亦已應付以往艱苦的局面，並從安定中積極擴展我國對外貿易。五十七年底，外貿會已將業務分別劃歸財政部、經濟部、及中央銀行，前面說過，這並不是我國對外貿易制度與政策的改變，而是配合經濟加速發展，繼續對制度及政策作進一步之加強，以適應當前的需要。外貿審議制度的特點，在兼收協調與牽制的雙重效果，外貿會結束後，我國對外貿易的重心，無疑的將落在經濟部的國際貿易局，政策上也必然以配合加速經濟建設為前提，在此前提下，除繼續推廣輸出外，可能將儘量放寬進口，尤其與經濟建設有關之外滙支出，它將充分供應。年來，有的專家學者，常認為目前我國外匯存底頗嫌太多，似應放寬進口，以緩和國內信用膨脹之壓力。關於我國目前外匯存底是否過多，為政策上一項值得商榷之重要問題，筆者願提供幾點看法，以作本文之結語。

政府遷臺初期，外匯存底薄弱，不得不嚴格管理支出。三十九年底，不但毫無存底，反而積欠國外銀行外匯達一千餘萬美元，臺灣所開信用狀，曾被香港銀行拒收。四十三年外匯存底又出現負數三百餘萬美元，外匯調度，拮据萬狀。四十四年外貿會成立以後，外匯存底由一千八百萬美元增至五十一年之六千三百萬美元。惟外匯存底仍不寬裕。五十二年以後，輸出積極推廣，至目前為止，外匯存底超過三億美元，才擺脫政府遷臺以來外匯調度艱難之境遇。

一國外匯準備究需若干，始為適當，須隨貿易情況以及對國內外經濟的適應能力而定。目前我國外匯存底，就上年貿易總值估計，約為四、五個月進口所需外匯之數量，較一般已開發國家為高。但是我國經濟貿易上，有若干特殊因素值得考慮：

(一)輸出地區分散程度不足

近年來，我國輸出地區已逐年分散，但程度不足，易受對方國家貿易政策之影響。

(二)輸出貨品中農業產品佔重要地位

我國輸出貨品結構，工業產品比重雖逐年增加，但農業產品仍佔相當重要地位。例如，五十七年，農產品及農業加工品仍佔輸出總值三九%。農業產品之國際市場價格，波動甚大，且農業產品之生產，受氣候及自然災害影響甚大。

（三）外滙存底與國民對幣值信心之密切關係

我國國民以往飽受外滙短缺，進口不足，影響幣值之苦痛，對於外滙情況，尤為敏感。外滙存底寛裕，增強國民對貨幣的信心，貨幣流通速度維持穩定。同時，近年經濟成長，貨物與勞務價值增加，亦吸收一部份新增之貨幣。

（四）國際貨幣基金之資金尚未能利用

國際貨幣基金之主要功能，在會員國家國際收支短期失衡時，予以融通，我國迄未能利用基金之資金，且美國經援停止以後，平衡國際收支，將悉賴自有的金滙準備。

總之，根據我國對外貿易的特質，尤其在國際金融波動，各國對貿易都採取較為嚴格限制的今天，我國保留相當於進口總值約五個月的外滙存底，似有必要，為了緩和因外滙存底較多，而構成國內信用膨脹的壓力，則可就鼓勵儲蓄，及其他金融措施作適當之調節。

今後外貿制度與政策上，應力求協調配合，兼顧促進經濟發展與穩定金融物價的雙重任務。並針對我國對外貿易上目前仍存在的各項不利因素，例如，輸出地區分散程度不足，輸出貨品中農產品仍佔重要比重等等，繼續謀有效之改進。此外，對於國際貿易經營的企業化，外銷產品品質的改良及成本的逐漸降低，以及國際市場情報的有效蒐集，尤其外銷產品的有效宣傳，也都是我國擴展對外貿易最基本的方向。

（本文原載五十八年一月出版中國財政季刊第三十六期）

三版序言

我寫這本「國際貿易概要」，將有關國際貿易的理論、實務、制度、政策及業務等，用極短的篇幅，作一綜合性的闡述，原是一種新的嘗試。承各大專學府及各講習班、研討會採用為教材，二年半期間，業已發行第三版，對我個人而言，真是莫大的欣慰與鼓勵！

每次再版時，我對第四篇「我國外滙貿易概況」，必定根據最近資料，將有關數字予以補充修訂。我們可以看出，五十六年度，臺灣對外貿易又獲得長足進展。貿易總值共達十五億美元，創歷年最高紀錄，較五十五年增加三億二千萬美元，增加幅度達百分之二十七。近十年來，我國對外貿易總值逐年增加，尤其最近五年增加更速，計十年之中，共增加二倍半，最近五年，增加百分之一百六十以上。

由於臺灣海島經濟的特質，我們經濟發展的基礎必須建立在對外貿易的發展上。以五十六年度為例，我國對外貿易總值佔國民生產毛額百分之四十三，如單就輸出總值比較，亦接近百分之二十。可見臺灣對外貿易對國民經濟的重要性。因此，政府與工商企業界，以及學術界人士，均須重視國際貿易。近年來，大專聯考學生，以國際貿易系（組）為第一志願者，日漸增多，是好現象。

就國際貿易的學術研究言，必須理論與實務並重；就國際貿易的業務發展言，必須制度與政策兼顧。尤須各方面的共同配合與努力。希望本書能有所貢獻，並請賢明不吝指正。

何顯重　謹序　五十七年六月於臺北

再版序言

我寫這本「國際貿易概要」，將有關國際貿易的理論、實務、制度、政策及業務等，用極短的篇幅，作一綜合性的闡述，原是一種新的嘗試，承各大專學府及各講習研討會，紛紛採用為教材，不到八個月時間，初版便已售罄，對我個人而言，眞是莫大的欣慰與鼓勵！

本書初版時，第四篇「我國外滙貿易概況」，尚不及將五十四年度資料列入，此次再版，特別予以補充修訂，我們可以看出，五十四年度雖有美援停止及國際糖價下跌等因素之影響，我國對外貿易仍繼續有長足之發展。

由於臺灣經濟的特質，我們經濟發展的基礎，必須建立在對外貿易的發展上。因此，政府與工商企業界，以及學術界人士，均須重視國際貿易。就五十五年上半年我國對外貿易的趨勢來看，進出口貿易總值為五億四千五百萬美元，較上年同期又增加一千萬美元。其中輸出總值為二億七千三百萬美元，較上年同期增加一千四百萬美元，而工業產品輸出總值達一億二千餘萬美元，較上年同期增加二千八百萬美元，尤值得注意。凡此似可預測本年度我國對外貿易，較五十四年度仍將繼續進展。

就國際貿易的學術研究言，必須理論與實務並重；就發展我國對外貿易言。必須各方面的共同配合與努力。希望本書能有所貢獻，並請賢明不吝指正。

何顯重　五十五年九月於臺北

國際貿易概要

目錄

國際貿易概要

第一篇　國際貿易理論

第一章　國際貿易的基本理論

第一節　國際貿易理論的演進

國際貿易（International Trade）乃指國與國之間商品勞務之交易行爲。國際貿易與國內貿易在基本原則上，原無多大差別，但因國際貿易係跨越國境之交易行爲，各國之間因地理位置、傳統習俗、語言文字、政治組織、法律規定及貨幣制度等種種差別，故國際貿易遠較國內貿易複雜。時至近代，國與國之間關係日趨密切，國際貿易愈趨發達，其對各國經濟之影響，更爲廣泛。國際貿易理論，隨時代之演變，亦日趨發展。

國際貿易理論所研究之範圍，可以包括：㈠一般理論的研究，㈡國際匯兌的研究，㈢國際收支平衡的研究三方面。本章所討論者係一般理論之研究，至於國際匯兌及國際收支，則在第二章及第三章分別研討。

對於國際貿易理論有系統之研討，當自重商主義（Mercantilism）開始。重商主義學說重視金銀，認為金銀乃國家財富之代表。其對國際貿易上之主張，認為應由國家獎勵，發展對外貿易，增加輸出，獲致貿易順差（即商品輸出超過輸入），因而獲得金銀輸入。為實現此目的，政府應採行貿易干涉政策。重商學學此項主張，其執行結果可能引起物價之高漲及國內之貧困。蓋金銀本身實非實質財富，金銀之過度累積，可能引起物價之高漲。而一國輸出如持續不停大量超過輸入，亦可能引起國內物資之缺乏也。

古典學派經濟學創始人亞當斯密（Adam Smith 1723-1790英國）於一七七六年發表其名著「國富論」(The Wealth of Nations)，提倡自由主義。在國際貿易理論方面，反對重商主義主張，提倡自由貿易，創國際分工原理，認為各國之間，因自然環境及天然資源分佈等條件不同，為充分發揮國際分工之功用，各國可從事生產具有絕對利益（Absolute advantage）之產品，然後實行交換，則各國均能得到較高之物質享受，及較廉之商品消費，此即所謂「絕對利益說」。例如，在英國一個勞動者工作六天可以生產小麥三蒲式耳（bushel），或布六碼（yard）；在美國同樣一人和工作時間，則可生產小麥六蒲式耳，或布三碼。在上述情況之下，在英國以生產布最為有利，在美國則生產小麥最為有利。所以英國將出口布至美國，換取小麥進口，交易結果，兩國均屬有利。

亞當斯密之理論，至李嘉圖（David Ricardo 1772–1823 英國）更加以擴充，認爲各國不但可生產具有絕對優勢的商品，更可生產僅具有比較優勢的商品，從事交換，則貿易國之間仍可因此獲利。此一理論稱爲「比較成本說」（The Theory of Comparative Cost）。

李嘉圖氏雖已進一步闡述國際貿易發生之原因，但對于商品交換比率的確定則懸而未決。因而乃有彌爾氏（J.S. Mill 1806–1873 英國）提出「相互需要說」（The Theory of Reciprocal Demand），以說明商品交換比率之確定。彌爾氏認爲，兩國間的商品貿易，固由於各國比較成本之不同；然其最後貿易比率，則決定於兩國相互需要之一致，以使兩國間輸出與輸入之商品，足以相互抵付，達於均衡。

其後有陶希格氏（F.W. Taussig）修正的「比較生產成本」理論，將生產成本分爲：絕對差異、同等差異與比較差異三種。前者，兩國各生產具有絕對低廉的產品以供貿易，即如前述絕對利益說；次者，因兩國生產成本的比較，可能一國在一切貨物均較他國爲低，且所低的程度均同，故形成片面輸出的現象；後者，則如前述比較成本理論。

至於貿易比率之決定，陶希格氏認爲祇有在兩國輸出總額相等，彼此不必有黃金流動需要時，始能維持均衡，而達成穩定的貿易比率。若一國對外需要增加而貿易入超，引起黃金外流，則工資、物價因而下跌；出超國則因黃金內流，致工資、物價上漲，貿易形成逆差，終於自動調整，直至新的均衡達成而後已。故貿易比率，由兩國對外需要的多寡，及其需要彈性的大小而定。

古典學派自由貿易理論固然足以打破重商主義，使國際間貿易得以自由發展，可是，實施自由貿易結果，對于工業國家固然有利，使工業迅速擴充發展，對於農業國家則有不利之影響，蓋根據國際分工，實行自由貿易，農業國家將永遠落後，無法發展工業，因而使兩國間的生產能力及所得水準，相距愈來愈大。因此，有李士特（Friedrich List 1789-1846，德國）的「保護貿易主義」，應運而興。

李士特氏對於所謂幼稚工業(Infant industries)的保護，特別重視，因爲在落後國家新興產業，其生產規模，生產設備及效率均較差，在此階段，國家實有施以保護之必要。迨相當時期之後，其技術已改進，生產能力足以與先進國家匹敵時，始可停止保護政策。總之，李斯特氏認爲落後國家不應仿效先進國家，不能無條件採行自由貿易主義。

若干學者並認爲，在平時根據國際分工之利益原則，各自生產有利商品，對彼此貿易均屬有利，惟對於重要軍需品及民生必需品，如仰賴輸入，則一旦國外貿易因某種原因，尤其因戰爭而中斷，則此種商品便要驟然感到缺乏，對於一國之安全及人民生活關係重大，因此一般咸認爲對於此類產品，亦有實施保護政策之必要。

再就就業政策而言，爲期維持國內經濟之繁榮與增加就業，亦有主張對於輸入自由應加以限制，儘量利用國內閒置生產設備，及未開發之生產資源。此爲一九三〇年代經濟大恐慌以後所激起之一種新保護政策。此種措施確有損於國際分工之利益，惟就長期觀點而言，對於一國之利弊，實難遽予推斷。蓋欲對於因輸入低廉之外國商品所獲利益（價格較廉）及損失（失業），與因利用閒置設置及未開發資源所獲之利益（就業及所得增加），二者加以交互比較，亦非易事。

以上經就國際貿易理論之演進，作一簡明及概括性之敍述，後列各節當依次作較爲深入之討論。

第二節　比較成本定律

國際貿易發生的原因，係由於各國生產成本比較差異所致，已如前述。造成此等差異的原因不外下列數點：

㈠生產因素之不同，以及生產技術之優劣，使生產成本有所差異；㈡生產要素組合之比例不同，例如若干國家有較多勞力而缺乏資本（Labor-Intensive），若干國家富於資本而缺乏勞力（Capital-Intensive），亦有若干國家富有土地而缺乏勞力及資本（Land-Intensive），生產成本遂隨之而異；㈢大規模生產的經濟程度不同；㈣地理位置不同，影響運輸成本的多寡。

古典學派的國際貿易理論，係建立在一定前提條件之下，即假定：㈠以勞動價值說明產品的價值，換言之，商品價值由其所需勞動量的多寡決定之；㈡國內的勞力與資本具有充分的移動性（Perfect mobility）；㈢國際間的資本、勞力不能自由移動。因此，國內商品之交換比率，係決定於勞動的生產成本。同時由於商品在國境內流動不受限制，因此，商品必定在勞動成本最低的地區生產。國際間商品則因勞力與資本缺乏移動性，故商品之交換比率，不能由各別生產所費之勞動成本決定，而決於兩國間之比較生產成本。因而產生所謂比較成本利益（Comparative cost advantage）。

李嘉圖氏的「比較成本定律」（The Law of comparative cost），即以比較成本利益，說明國際貿易發生的原因，以及貿易國家在理論上應該輸入或輸出何種商品。認為國際分工與貿易的發生係由於國際間比較成本的差異（Comparative cost difference）；而分工的結果，使各國專門生產其具有比較成本有利的商品，以之輸出；同時輸入其比較利益較小或是比較成本不利的商品，結果貿易雙方均獲利益。

茲假定美國與英國生產小麥與棉布的成本條件如下：

美英兩國每人一週生產量

產品	美國	英國
小麥	6蒲式耳	2蒲式耳
棉布	10碼	6碼

由上表可知美國的勞工效能較英國爲佳，美國在小麥及棉布生產上均較英國有利，換言之，佔有絕對利益。惟如比較美英兩國生產利益而言，則美國在小麥生產上佔有比較大的利益，而英國則在棉布的生產上佔有比較大的利益。因此，美國將專門生產小麥，從事輸出，以換取英國的棉布。反之，英國則將生產棉布，從事輸出，而換取美國小麥。換言之，兩國貿易之發生係由於比較成本利益的不同；而非出於絕對成本利益之不同。

因爲美國在貿易前，六蒲式耳小麥可換十碼棉布；而在英國則以六蒲式耳小麥（須三週的勞力），可換到十八碼的棉布。如美國將六蒲式耳小麥輸出至英國，而可換得十碼以上的棉布時，則美國將輸出小麥，以換取棉布的輸入，對美國而言，當屬有利。同理，英國如能以十八碼以下之棉布換取六蒲式耳的小麥時，就英國言，亦屬有利。因此兩國發生貿易，其交換比率當在六蒲式耳小麥交換十一至十七碼之間棉布，實際交換比率，則視兩國對於小麥及棉布之需要情形而定。

由此可知，由於比較成本利益之存在，遂導致並促進國際貿易及國際分工。

經由比較成本定律而實行分工之結果，甲、乙兩國在個別生產上所獲利益，均較貿易前爲多。可見國際貿易與分工，可提高各國生產力，增進經濟福利。

第三節　比較成本定律之無異曲線圖解

以上所述，是概括說明比較成本定律與國際分工之利益。吾人尚可以用無異曲線圖（Indifference curves）說明之。首先應說明在無異曲線方法的分析中，所常用的幾個名詞如下：

㈠生產無異曲線（Production indifference curve），或稱生產可能曲線（Production possibility curve）乃表示在既定的技術條件（Technical know-how）與現有生產資源的充份利用下，一國所生產各替代產品的最大組合線。如圖一，AB直線，即表示該國就現有的技術與資源，所能生產麥與布之最大數量組合。

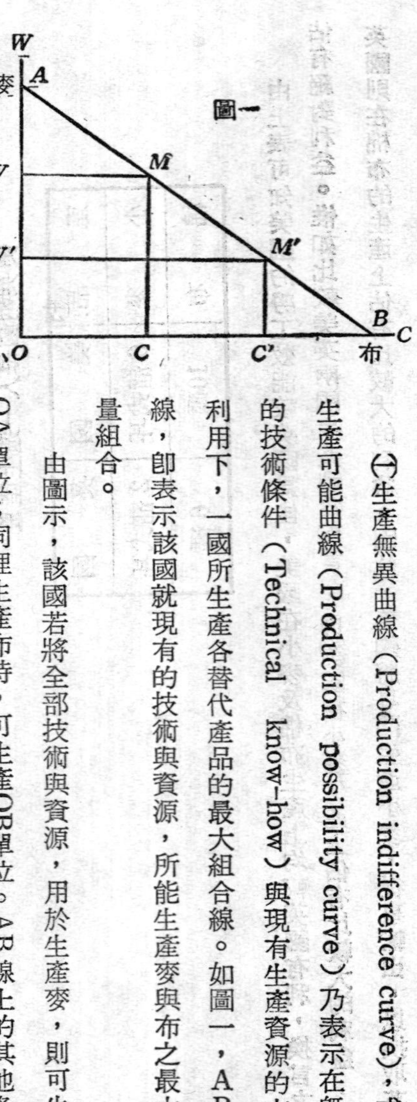

圖一

由圖示，該國若將全部技術與資源，用於生產麥，則可生產OA單位，同理生產布時，可生產OB單位。AB線上的其他各點，皆為該國所能生產麥與布之各種組合，例如M點是OW 單位的麥與 OC 單位布的組合……等是。至於其最後生產多少單位的麥與布，始能得到最大的效用，則需配合消費無異曲線(Consumption indifference curve）而定。此外，可注意者是，AB 為一直線，乃表示欲多生產一單位產品布，所需放棄生產幾個單位產品麥，是有固定比率的。

(2)消費無異曲線：當國民總所得之分配維持一定均衡時，一個社會之消費無異曲線，乃表示該社會全體消費者，在於同一無異曲線上兩種商品數量不同的組合之消費所得到的滿足，均無差別之謂。此種無異曲線的性質，可分下列數點：(一)離原點愈遠的無異曲線，所代表的效用愈高，如圖二中的i_1.i_2.i_3.i_4；(二)因為兩種財貨的邊際效用均為正數，如欲增加某種財貨的消費，必須放棄一部份他種財貨的消費，所以無異曲線向右下方伸展；(三)兩條無異曲線不會交於一點；(四)無異曲線的斜率即表示兩種財貨的邊際替代率；(五)無異曲線向原點凸出乃表示邊際替代率遞減。

圖二

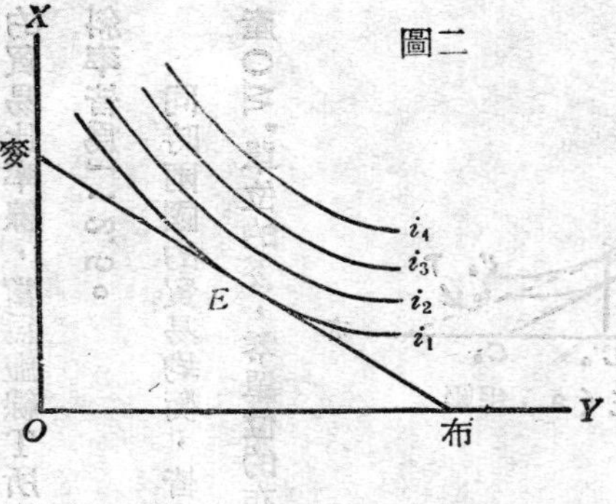

生產無異曲線，與消費無異曲線的概念，已如上述。現在即用以說明貿易比率與貿易均衡之決定。假定：甲乙兩國從事生產麥與布，其生產無異曲線的斜率，甲國為1：2，乙國為1：3。

在此情況下，因甲國生產麥，乙國生產布，皆有比較利益，所以貿易必然發生。其貿易比率則在1：2與1：3之間。今假定經由雙方相互需要的强度與彈性，決定為1：2.5，則圖三(a)及(b)圖形上的貿易比率線，當為虛線T所表示。由於，兩國貿易時的貿易比率相同，所以三(a)與(b)中T線的斜率皆為1：2.5。

同時兩國的貿易均衡，皆在貿易比率線，與另一條更高無異曲線之切點上。如此，則甲國生產OW_a單位的麥，零單位的布；乙國則生產零單位的麥，OC_b單位的布。而後彼此交換。因此，甲國麥的輸出量W_aW_a'，恰等於乙國麥的輸入量 OW_b；乙國布的輸出量C_bC_b'亦恰等於甲國布的輸入量OC_a'。於是，貿易的比率遂趨於一致；同時各國均在比貿易發生前較高的無異曲線上達於新的貿易均衡，換言之，雙方均獲得較高的消費滿足，由此證明貿易國雙方均受其惠，至為明顯。

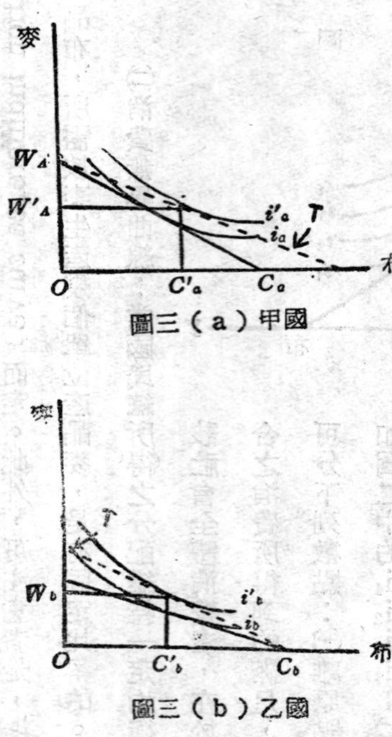

圖三（a）甲國

圖三（b）乙國

第四節　國際貿易對經濟之影響

國際貿易的結果，對於貿易國的經濟，包括資源之分配，產品之成本與價格，眞實所得水準及所得分配等方面，皆有重大的影響。玆概述如下：

㈠生產資源的重分配：國際貿易進行結果，使貿易國家，就其旣有的生產資源，重行作經濟合理的分配。因爲貿易發生後，生產資源用於生產具有比較優勢之商品，而停止生產比較劣勢的商品。於是對於生產前一種商品資源的需要，因國際貿易而增加；生產後一種商品資源的需要，却因之而減少。此種產品需要的消長，與資源重行分配的結果，影響一國的所得分配與經濟發展方向，至爲深遠。

至於資源重分配的程度如何，則須視其產品爲成本不變（Constant cost）、成本遞增（Increasing cost）或成本遞減（Decreasing cost）等不同情況而異：

(1)在成本不變的情況下，因生產量的多寡，不致影響單位成本，所以各貿易國均擇其具有比較成本利益的商品，從事生產，不受生產成本的約束。因此，在成本不變的情況下，將形成完全專業化的局面。於是此種商品的價格恰好等於國內的生產成本。

(2)在成本遞增的情況下，具有比較成本利益的國家，由於國內外的需要，勢必增加生產量；

然而，由於其成本遞增，產量增加，將引起產品單位成本的增加，價格亦隨之增加。比較成本利益，隨之漸減。反之，具有比較劣勢的產品，因生產量減少，成本、價格隨之降低。兩國價格，在原有兩種價格之間，經相互調整的結果，而達於均衡價格（Equilibrium price）於是具有比較優勢的產品，除供內銷外，尚有一部份供給外銷；而具有比較劣勢的產品，亦由國內供應一部份，其餘則由國外輸入。

成本不變，與成本遞增與專業化之關係，亦可用圖解說明如後：

在圖四(a)(b)兩圖中，以E代表英國，C代表加拿大，商品小麥的價格以垂軸表示。英國國內需要及供給曲線D_E及S_E，皆在圖之右方；加拿大國內的需要及供給曲線D_C及S_C均在圖之左方。

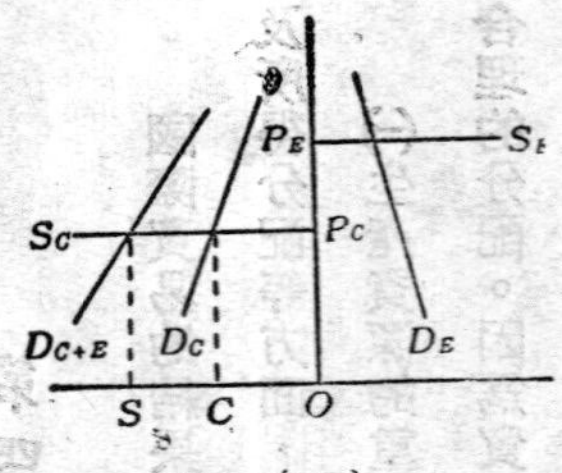

圖四（a）

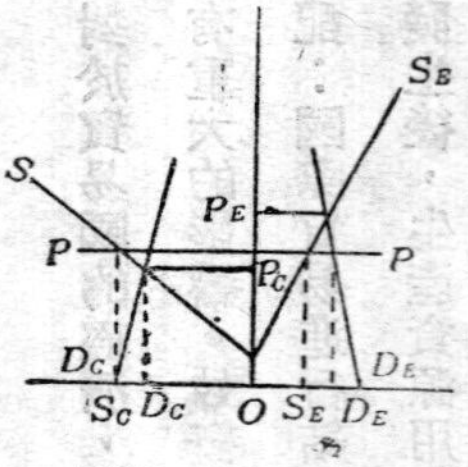

圖四（b）

在圖四(a)中，假定成本不變，則兩國的供給曲線皆為水平線。英國生產麥的成本（P_E），高於加國的成本（P_C）；所以，英國消費者寧可購買加拿大的小麥，而不買國內的小麥。如英國之全部需要均求之於加拿大時，則加拿大小麥之總需要為（D_{C+E}），因成本不變之故，加拿大小麥的價格，仍維持P_C而不上漲。同時英國小麥的價格也不會低於P_E。結果，將由加拿大生產OS的小麥，其中OC供國內消費；CS則輸出至英國，仍以P_C的價格滿足英國之需要。

圖四(b)在成本遞增情況下，所以供給曲線隨供給量之增加而上升。貿易前，兩國國內價格，決定于國內供需；於是英國小麥價格為P_E。加拿大則為P_C。於是英國向加拿大採購輸入小麥，此種輸入引起加拿大小麥成本價格上漲，同時英國國內小麥價格下跌，使兩國小麥均衡價格均達于P而後止。於是在價格P下，英國供給量為OS_E，加拿大供給量為OS_C。兩國的總供給量（OS_E+OS_C），必等於兩國的總需要量。（OD_E+OD_C）。加拿大將其國內生產，超過國內需要的餘額（D_CS_C）輸往英國，而英國則按照其國內生產，不足國內需要的缺額（S_ED_E）由加拿大輸入。加拿大的輸出額（D_CS_C），必等於英國的輸入額（S_ED_E），貿易均衡由此達成。

(3)在成本遞減的情況下，由於大量生產的經濟趨勢，使國際成本下降。廣大的市場，更促成下降趨勢。於是成本遞減，生產愈多，價格愈低，市場愈大。國際貿易能促成各國專業分工，與增加國際經濟福利之貢獻亦愈大。

(1)國際貿易的結果，使國際間生產成本及價格趨於均等；各國產品的比較成本及價格的差異，導使國際貿易發生。然而，在自由貿易的完全競爭下，各國相互貿易結果，使國際間價格之差異，為之消除。當新的均衡達成時，在自由市場現行的滙率下，除了所需之運費外，各國同樣商品的價格，均趨於一致。此種國際間共同的均衡價格，亦唯有當全世界的總需要，等于其總供給時，才有達成的可能。既然假定其爲完全競爭，故各國國內商品的平均成本、邊際成本，亦將趨於與其價格完全相等。

或謂國內外同樣商品的價格既然均等，何以又需要進行貿易？其答案爲吾人現在所討論者乃指貿易發生之結果而非原因，亦卽此種成本、價格均等的關係，是由於貿易引起各國成本價格的變化與調整，所造成的均衡局面。如一旦停止貿易，則生產成本的差異，又會隨之發生，又需要貿易，直至各國間上述差異消失爲止，達到新的均衡局面。

㈢貿易條件（The terms of trade）之形成：所謂貿易條件，卽進行國際貿易時，各國商品相互交換的比率。在僅有兩種商品交易之情形下，貿易條件卽兩種商品國際價格之比率。小麥的國際價格爲每蒲式耳二•二五元；而布的國際價格爲每碼〇•九〇元則其貿易條件爲：一蒲式耳小麥等於二•五碼布；或一碼布等於〇•四蒲式耳小麥。如仍以英、加兩國爲例，就加拿大言，其輸出一單位小麥，可換得二點五單位布的輸入；美國一單位布的輸出，可換得零點四單位小麥的輸入。

至於兩國商品貿易條件的確切比率，以及究應如何決定？須視貿易國家間相對價格之比率，及其對於貿易商品相互需要的強度與彈性而定。

㈣國際貿易促進經濟發展：國際貿易爲區域貿易之擴展，因國際分工，促進較高生產效率並提高所得，使貿易國間雙方均蒙其利，決非一方吃虧。一般言之，在自由競爭的前提下，產品的價格應等於其邊際成本及長期平均成本。且各生產要素的價格，亦應等於其邊際產品價值。此時，生產要素自由移動，使任何產業的社會機會成本（Social opportunity cost）趨於相等。根據邊際原理，卽貿易促使各種生產要素作最有效之運用。社會生產量與效率亦因此達到最高的標準。

進言之，當兩國經濟在孤立狀態下，若兩國間價格、成本比率互異，必發生貿易。其貿易條件，恒在兩國價格成本比率之間，任由兩國彼此相互需要，及成本條件來決定。國際貿易之結果，使雙方原有之社會成本降低。同時資源充分運用之結果，可以獲得更多的商品，已如前述。從國民經濟福利的觀點言，出口的目的係爲了進口，換言之，進口爲目的，而出口是手段。因之兩國間進行貿易，在其決定政策，以及出口與進口之輕重緩急時，社會成本與經濟福利之觀念，常受重視。至於各國所受實惠佔各國總所得之比例雖有不同，其利益與影響則一。國際貿易使貿易國間不論出口國抑爲進口國，均蒙其利，已如前述，但此種眞理，亦常被忽視，自由國家間迄仍有認爲出口蒙利，進口受損之觀念，採取盲目與過度之保護，或採取關稅壁壘、限額、歧視等種種措施。其與國際自由貿易理論之理想，距離尙遠。

第五節　國際間生產要素之移動

世界各國生產要素分配不盡相同，導致商品比較成本之差異；因此，遂根據比較利益原則，從事國際貿易。這是因爲假定國際間生產要素不能移動，所得的結論。事實上生產要素除土地外，資本與勞動兩項，在國際間是可移動的。

勞力的移動，是指一國人民的對外移居；而資本的移動，係指兩國政府、民間機構或人民之間，貨幣資本（Money capital）或借貸資金（Loan funds）的移動而言。如政府公債、及公司股票、債券等的移轉。這種有價證券的國外投資（Portfolio foreign investment）或直接的國外投資（Direct foreign investment），將使收受國增加一筆支付額外輸入的資金，用以增加國內的資本存量。此種國際間貨幣資本的移轉，實爲國際間購買力的移轉。然而，此等資金的移轉，因屬借貸關係，日後仍須償還本金及負擔利息。

由於國際貿易進行的結果，使得各貿易國的眞實國民所得爲之增加。同理，國際間生產要素的移動，亦可導致與商品貿易同樣之結果，使國民所得爲之增加。生產要素之移動，亦係由於國際間生產要素之價格不同，因而發生移動。例如，勞力必向工資較高的國家移動；資本投資則向報酬較高的國家移動。

然而，生產要素價格之所以有所差異，實因各國天賦之生產要素，在數量上相對稀少的程度不同所致。一般言之，生產要素的相對數量愈稀少，則其價格必愈高。例如，美國的勞動力相當稀少，所以其工資較高；其他開發不足的國家，則反是。這種現象，可用決定供求法則的邊際觀念說明之，即生產要素的相對稀少性愈大，則其邊際生產力愈高。

國際間生產要素移動的結果，正如商品貿易之移轉，可使貿易國的國民所得為之增加。因為生產因素係因在各國邊際生產力有所差異時，才由邊際生產力低的國家往邊際生產力高的國家移動；在完全競爭下，此種移動直到國際間同種生產要素的邊際生產力或價格趨於均衡時始停止移動。依邊際原理而言，此時生產因素已發揮其最大作用與最大生產力，國民所得亦隨之增加。同時亦減少國際間商品與生產要素相對稀少性之差異。

第六節　國際貿易與國民所得

國際貿易對於國民所得之增加，有深遠影響，已如前述。玆再以對外貿易之乘數原理，略加說明。

一國輸出增加，表示國民所得增加；並且，由於此項國民所得的增額中，必有一部份用於消費，而為生產者的所得，其中有一部份復將用於消費，如此循環進行，國民所得的增加，必大於原來由於輸出所增加的國民所得，此種倍數關係，即所謂對外貿易乘數作用。(The foreign trade multiplier)

根據凱因斯的投資乘數理論，一國投資的增加，導致所得作倍數的增加。今假定Y為國民所得；C為消費；I為投資；而S為儲蓄。則一國民所得的恆等式可列之如下：

① $Y=C+I$

② $Y=C+S$

③ $I\equiv S$

第①式表示國民所得的來源為：消費與投資；第②式表示國民所得之用途為：消費與儲蓄；由①②兩式必然導出第③式，為國民所得均衡時的恆等式，即投資必等於儲蓄。亦即唯有在第③式情況之下，國民所得才有均衡的可能。

今以d表示微量變化的符號，則由上三式可得：

(1′) $dY=dC+dI$

(2′) $dY=dC+dS$

(3′) $dI\equiv dS$

茲以 dC/dY 表示邊際消費傾向（Marginal propensity to consume 簡稱 MPC）；而以

dS/dY 表示邊際儲蓄傾向（Marginal propensity to save, 簡稱 MPS）。並以 dY 除第(2′)式得：

④ $$\frac{dC}{dY}+\frac{dS}{dY}=\frac{dY}{dY} \text{ 或 } MPC+MPS=1$$

因爲，國民所得最後總加量 dY，爲投資增量 dI 的K倍。亦卽：$dY=k\cdot dI$；或 $k=dY/dI$。式中k卽爲投資乘數。

投資增加 dI，其中有一部份，卽 $dI(dC/dY)$用於消費，形成新所得，其中又有 $dI(dC/dY)$化爲所得……。亦卽：$dY=dI+dI(dC/dY)+dI(dC/dY)^2+dI(dC/dY)^3+\cdots\cdots+dI(dC/dY)^n$

上式爲一幾何級數關係，而 dC/dY 又小於一，故可代入幾何級數的公式得到：

$$dY=dI\left[\frac{1}{1-(dC/dY)}\right]$$

由此，投資乘數 $k=\frac{dY}{dI}=\frac{1}{1-(dC/dY)}=\frac{1}{1-MPC}$

又因：$MPC+MPS=1$；$MPS=1-MPC$（見上述第④式）

所以：$k=\frac{1}{MPS}$，

亦卽，投資乘數k爲邊際儲蓄傾向之倒數。

以上乃就國內投資增加，影響到所得增加的投資乘數關係稍事說明。

在國際貿易進行時，就整個國民所得言，輸出增加，國民所得亦爲之增加，其效果一如國內投資之增加。玆說明如下：

設以 Id 爲國內投資；If 爲國外投資（輸出X超過輸入M的淨額），則其方程式爲：

⑤ $C+Id+If=Y$

⑥ $If=X-M$

∴⑦ $C+Id+X=Y+M$

假如一國既無儲蓄又無投資；且輸出等於輸入，則：

⑧ $Id+If=S=0$

⑨ $Id=0$

⑩ $If=X-M=0$

∴⑪ $X=M$

由此：$dX=dM,\ \dfrac{dY}{dX}=\dfrac{dY}{dM}=1/(\dfrac{dM}{dY})=1/MPM$

亦即：對外貿易乘數$\dfrac{dY}{dX}$，爲邊際輸入傾向(Marginal propensity to import, 簡稱MPM)

$\frac{dM}{dY}$的倒數。

然而，一經對外貿易，投資及儲蓄形成；因此其式應為：

⑫　$C+Id+X=Y+M=C+S+M$

⑬　$Id+X=S+M$

設⑬式中，國內投資 Id 為一固定常數，則其 $dId=0$，因此：

⑭　$dX=dS+dM$

若以 dY 為⑭式的被除數，則：

⑮　$$\frac{dY}{dX}=\frac{dY}{dS+dM}=\frac{1}{(dS/dY)+(dM/dY)}$$

⑮式中，$\frac{dY}{dX}$為對外貿易乘數k，其$\frac{dS}{dY}$為邊際儲蓄傾向；$\frac{dM}{dY}$為邊際輸入傾向。所以

⑯　$$K=\frac{1}{MPS+MPM}$$

今假定：$MPC+MPS+MPM=1$，即 $MPS+MPM=1-MPC$

則⑯式可化為：　$K=\frac{1}{1-MPC}$

由於⑯式與國內投資乘數的公式相等，可知輸出的增加一如投資之增加，在提高國民所得之功能上同樣重要。

故國際貿易之進行，輸出的增加，其作用與功能可視之爲投資的增加，經過乘數作用，國民所得可作倍數的增加。雖然輸出的目的在於增加輸入與國民經濟福祉，其導引的乘數作用與提高國民所得之功能實未容忽視，各國之努力輸出與開展國外市場，實有其至理存焉。

第二章　國際滙兌

第一節　國際匯兌之意義及功用

國際貿易的結果，必然引起國際間收支的問題。此種國際收支的主要內容，乃國際間一切商品、勞務、資本等交易而發生的雙方債權債務的淸償關係。由於各國貨幣制度不同，此種債權債務關係必須經中間的媒介，始可順利的移轉。在信用制度極其發達的今日，外滙市場（Foreign exchange market），卽爲一移轉國際收支與淸結國際間債權債務關係的重要樞紐。所謂外滙市場，卽指外國貨幣買賣市場，透過此種市場買進或賣出外幣，亦卽藉此將本國貨幣換成外幣，以償付對外債務或轉移資金至外國。或將因貿易或其他來源所收入之外幣換成本國貨幣，供國內用途。國際間之債權債務關係，卽藉此淸算了結。

一國之內，兩地之間的滙兌行爲，稱爲國內滙兌（Domestic exchange），國與國間的滙兌行爲，稱爲國外滙兌（Foreign exchange）國內滙兌與國外滙兌的原理並無不同；但因國外滙兌涉及兩種以上的貨幣，因此遂發生不同貨幣交換時的比價問題。

國際間的貿易關係非常複雜，其所產生債權債務關係爲數龐大，因此國際金融市場中的滙兌任務，必須有嚴密機構專任其責，始能使國際金融保有安全與靈活的優點。一般而言，此種職責，係由銀行以居間經紀人的地位爲之，負責了結國際間借貸關係的任務。

國際滙兌在國際貿易關係上的功能，約有下列數端：㈠節省現金輸送，免除風險；㈡化國際間債權債務關係，爲國內之債權債務關係；㈢促進國際貿易的順利發展；㈣利於國際投資，調整國際金融，穩定世界經濟，並維護國際金融市場之均衡。

第二節 外滙滙率 (Exchange Rates)

外滙滙率，簡言之，爲一種通貨以他種通貨表示之價格。卽透過滙兌方法，將外國貨幣換算爲本國貨幣，或本國貨幣換算爲外國貨幣，以完成國與國間的貨幣收付時，作爲換算之根據，從而表現滙價之高低者，稱爲外滙滙率。各國外滙市場中，外滙滙率的表示，有兩種不同的習慣方式：㈠以一單位外國貨幣，折合本國貨幣若干，所表示的滙率。此爲國際上大多數國家所採用的方式，我國目前的外滙滙率，以美金一元折合新臺幣四十元，英鎊一鎊折合新臺幣一百十二元，卽爲此種方式。㈡以一單位本國貨幣，折合外國貨幣若干，所表示的滙率。例如倫敦外滙市場中的外滙行市，均以英鎊一鎊，折合外國貨幣若干來表示，如一鎊折合美金二•八〇元。但這兩種表示方式，實質上並無不同，例如美金一元合新臺幣四〇元，也就是新臺幣一元合美金四十分之一元。惟應注意者，因兩種表示方式之不同，對於外滙滙率漲跌的解釋，則容易使人混淆。例如依照第一種方式，在我國外滙市場，美金滙率上漲，是指美金一元折合新臺幣由原來之四十元，上漲（增加）至四十一元。依照第二種方式，在英國倫敦外滙市場，美金滙率上漲，是指英鎊一鎊折合美金由原來的二•八〇元，上漲（減少）至二•七〇元。爲避免混淆起見，本書以後提到外滙滙率時，均以第一種方式爲準，即外滙滙率漲，是指外國貨幣兌換本國貨幣數額增加，外滙匯率跌，是指外國貨幣兌換本國貨幣數額減少。

。外滙滙率的相互關係、種類及套算滙率（Cross-rates of exchange）。在正常及自由的外滙市場，一國的外滙滙率，大體上分爲基本滙率，銀行賣出及買進滙率，電滙滙率（Cable transfer rate），定期滙票滙率（Time draft rate）等數種。任何兩國貨幣之間，必有一標準滙價。在金屬本位時代，此種標準滙價爲鑄幣平價(Mint par of exchange）或金屬平價(Metal parity)，包括Gold parity及Silver parity）；在實行紙本位的今日，則逕稱爲外滙平價（Par value of exchange）。在滙率中，此種標準滙價即爲基本滙率（Basic rate），但在實際進行外滙買賣的外滙市場，却有若干種較基本滙率略高或略低的滙率，這不外由於以下三種情形：㈠銀行賣出滙率（Selling rate）略高於買進滙率（Buying rate）。例如英美兩國的基本滙率現爲一英鎊對二•八〇美元，如以英鎊外滙賣給美國銀行時（即銀行買進匯率）恰爲二•八〇，如向美國銀行購買英鎊外匯時（即銀行賣出滙率）則按二•八二計，即爲此種情形。銀行賣價略高於買價，其差額代表銀行收取之手續費及利潤。㈡在外國付款快的滙率略高於付款慢的滙率。例如，在紐約市場中，銀行賣出英鎊滙率有下列數種：電滙滙率（T/T or cable rate）二•八又八分之一元，即期滙票滙率（Sight draft rate）二•八〇元，六十天期滙票滙率二•七九又十六分之七元。蓋因付款快慢，與利息有關，電滙滙率之所以略高於即期滙票滙率，即爲加計電滙付款較即期滙票付款提前多少日數之利息在內所致。同理，遠期滙票滙率之略低於即期滙票滙率，即爲減計較即期滙票緩付日數之利息所致。㈢安全及流動性程度較高的滙票，其滙率略高於此種程度較低之滙票滙率。例如銀行收購外滙滙票，對於滙票付款人之爲外國著名銀行者，每願按略高之滙率計算。對於其付款人之爲不熟悉的銀行，或付款人非銀行者，每按略低之滙率計算。以上三種情形，滙率雖有高低之別，惟應注意者，即其與基本滙率的差距極微，均在小數點以下，甚至祇是小數點以下數位之差。

其次，我們要說明何謂套算滙率，其與套滙（Exchange arbitrage）有何關係。所謂套算滙率，係指兩國貨幣間的滙率，透過兩者各自與第三國貨幣間的滙率，間接算出來的，例如美元對比利時法郎的滙率，爲〇•〇二美元對一法郎（即五〇法郎對一美元），同時，英鎊對比利時法郎的滙率，爲一英鎊對一四〇法郎，則英鎊與美元間的套算滙率，爲 140÷50＝2.80，即一英鎊對二•八〇美元。

所謂套滙，是當間接算出來的兩國貨幣間的套算滙率，與兩國貨幣間直接的滙率脫節之時，外滙市場中的交易人，利用此項脫節，在某種通貨價格較低之外滙市場買進，在較高之外滙市場賣出，藉以牟取利益的一種行爲。但此種行爲，反而對脫節的套算滙率，發生一種矯正作用，使正常的套算滙率，逐漸穩定後，而趨於均衡。因爲在較低之外滙市場買進，增加對該種通貨之需求，使其價格回升；在較高之外滙市場賣出，增加該種通貨的供給，使其價格回降；結果，使脫節之套算匯率，恢復正常。

第三節　外滙之供給與需求

（一）外滙之經常需要　在一國對外滙的總需求之中，爲數最鉅者，是由於淸償經常輸入商品及勞務，所需之進口外滙。在任何一定的滙率之下，此項外滙需求的數額之多寡，與很多因素有關，如所得水準及分配情形，國內經濟發展的程度，消費者偏好與時尚，外國商品及勞務的價格，本國商品及勞務的價格等。如果這些因素爲常數或無變動時，則隨外滙滙率之變動，需求量亦因之而異。當滙率愈低，進口商品及勞務的價格，以本國貨幣表示愈廉，因此，所需輸入量增加，而所需支付的外滙數量亦愈大。反之，則愈小。

(二) 外滙需求彈性　即指外滙之需求量，對滙率升或降之敏感程度。更明確言之，即外滙需求量變動百分數，對滙率變動百分數的比率。例如，滙率下降一%，使外滙需求量增加一%，則外滙需求彈性等於一；如果需求量變動的百分數，大於滙率變動的百分數，則彈性大於一，表示外滙需求相當有彈性；反之，如果需求量變動之百分數，小於滙率變動之百分數，則彈性小於一，表示外滙需求彈性小。

外滙需求之彈性的大小，所繫因素很多，但其中最重要的一項因素，爲對進口商品勞務之需求的價格彈性。例如，對進口糧食之需求，通常是彈性很小，因此，一國之進口貨中，如以食品進口佔大部分時，則該國對支付此項進口之外滙的需求，其彈性很小。不過，如果進口貨中，以需求彈性大的商品爲主，或同時國內產品有代替性，則外滙需求的彈性亦大。

圖五

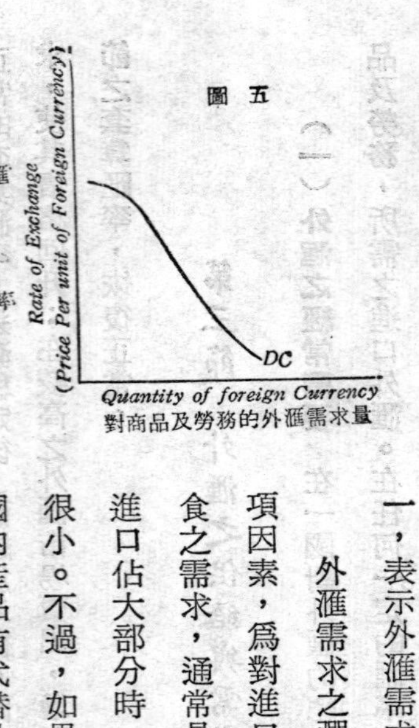

(三) 外滙的經常供給來源。一個國家經常外滙的供給來源，多從經常商品及勞務之出口得之。所以，一國經常外滙收入，必恰等於其他國家所支付對該國出口商品勞務之經常支出的總數；因此該國外滙供給之地位和彈性，繫於其他國家對該國通貨之需求程度和彈性而定。換言之，一國外滙之供給，繫於其他國家對於該國通貨之需求。基本上，滙率愈高，即一定數額外國通貨換本國通貨愈多，本國出口商品勞務，在外國貨幣之衡量下，價格愈廉，其需求量愈多，就本國言，卽爲外滙之供給愈多；反之，滙率愈低，外滙之供給愈少。但此項滙率變動，所影響之外滙供給的程度之大小，仍視外國對本國貨幣需求彈性而定。如果外國對本國貨幣需求彈性大於一，卽彈性大，則滙率上升使外國對本國之貨幣之需求增加的程度，大於滙率上升的程度，按新滙率折算，卽外滙供給較未上升時多。以英美兩國爲例，如倫敦外匯市場，美金滙率從原來每一美元等於一英鎊跌到四分之三鎊，換言之，卽紐約外滙市場中英鎊滙率從每一英鎊等於美金一元漲到美金一•三三元。在此種滙率下，如美國出口貨之價格不變，則美國商品及勞務的成本對英國商人而言，在滙率爲 £3/4=$1.00 時要比滙率等於£1=$1.00時少四分之一。如果英國對美金外滙需求彈性大於一，則在紐約英鎊的供給，將比滙率上升時爲多。如果英國對美金外滙需求彈性小於一時，則因滙率變動使英國對美金外滙需求增加的程度，小於滙率上升的程度，按新滙率折算，卽在紐約英鎊供給較未上升時爲少。如英國對美金外滙需求彈性等於一，則滙率上升使英國對美金外滙需要增加的程度，等於滙率上升的程度，就新滙率折算，則在紐約英鎊的供給量仍不變。在圖六中，我們假設倫敦對美金的需求在滙率爲£1到£1/2時，是相當有彈性。卽在同一幅度內的美金對英鎊的滙率，在$1到$2時，紐約英鎊的供給量增加，換言之，紐約的英鎊供給曲線是由左向右上升的。其次在 £1/2 對美金一美元時，我們假定英國對美金外滙的需求是單一彈性，即在£1/2=$1匯率時，紐約英鎊的供給量不變。換言之，紐約的英鎊供給曲線是一條垂直線(即供給彈性等於零)。再次，在£1/2到£1/4，或是從$2至$4的幅度時，我們假設英國對美金外匯的需求彈性小於一，紐約的英鎊供給量減少，換言之，英鎊之供給曲線便向後彎曲。於是如圖示，紐約的英鎊供給曲線按倫敦對美金之需求而定。

紐約的英鎊供給曲線按倫敦對美金的需求情形而定

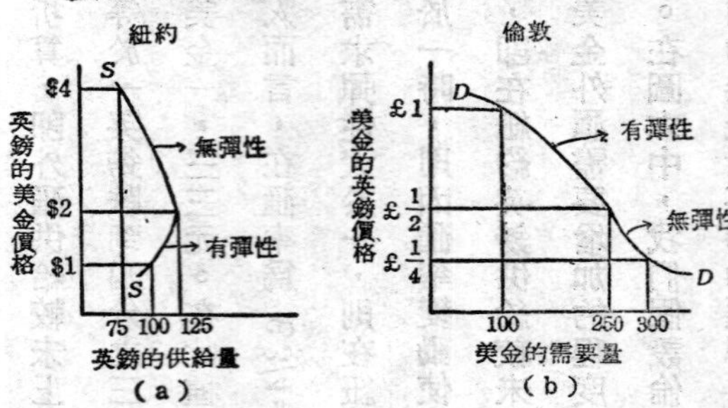

圖六

故當國際金融市場對某國通貨的外滙需求彈性大於一時，其外滙供給曲線便是一條由左向右向上的曲線。如需求為單一彈性或彈性小於一時，外滙的供給曲線相對的是垂直或向後彎曲。

第四節　自由滙率制度與外滙投機

(一)自由滙率之決定　所謂自由滙率制度，即在紙本位貨幣制度之下，其滙率完全由市場供需自由變動，不受任何官方或人為之干涉之謂。假定經常帳戶之交易是唯一對外滙供需來源，而不涉及資本、黃金及單方移轉等帳戶時，則自由市場的滙率，將完全依經常帳戶之供需情形而自由變動。在此種假定下，國際支出不能大於國際收入，因為出口是支付進口的唯一手段。因此，任何對外滙需求的增加或外滙供給的減少，立刻會引起外滙滙率的上漲，直至外滙的供需再度相等爲止。在供需變化時，任何需求量的增加或供給量的減少將引起滙率上漲到何種程度？關於此點，供給彈性往往發生決定性作用。換言之，外滙的供給愈無彈性，則需求增加的結果，使滙率之上漲亦愈大。

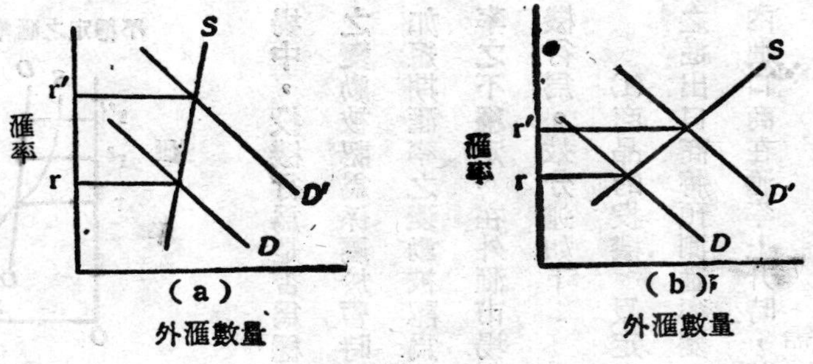

滙率
r'
r
S
D'
D
(b)
外滙數量

滙率
r'
r
S
D'
D
(a)
外滙數量

圖七

在圖七(a)(b)兩圖中，原來的滙率都是r，其需求曲線變動由D增加至D'亦相同。可是由於圖(a)之供給曲線所示之供給彈性較小，圖(b)之供給彈性較大，因此，需求增加之結果，滙率上漲之程度不同，在圖(a)中，滙率上漲幅度較大，在圖(b)中，滙率上漲幅度較小。

(二) 滙率的穩定性 在自由變動滙率制度之下，滙率不穩定之主要原因往往是對進口的需求彈性較小所致，一國對於進口貨的需求與外國對其出口貨之需求如均爲彈性較小時，則外滙的供需就如圖八所示。供給曲線之所以向後彎曲，即表示外國對該國的出口貨的需求彈性小。亦即當一國出口價格降低時，其出口總值亦將降低。同時，如一國出口所收到的外滙減少，在滙率上升時，如國內對外滙需求未能相對減少時，則滙率之上升會導致更進一步之上漲。圖中r爲外滙市場的均衡滙率。但由於需要之彈性小，其均衡是極不穩定，因此滙率的任何微小上升，不會再恢復原狀，反導致更大的變動。反之，滙率任何微小之下降，亦會引起連鎖反應，使滙率更趨下降。

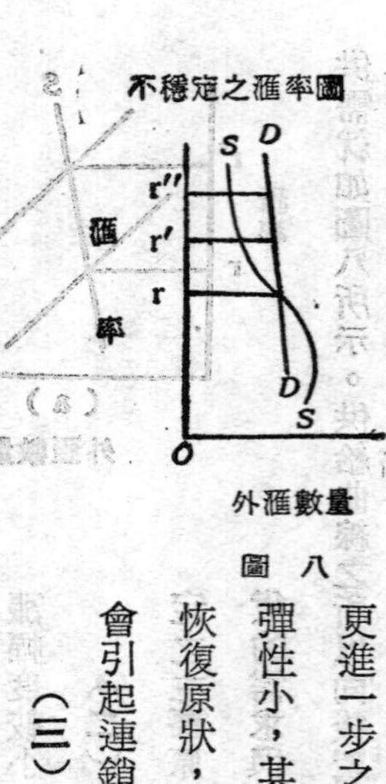

圖八

（三）投機行爲與滙率穩定　在滙率可以自由變動之外滙市場中，投機行爲是否爲穩定性或不穩定性，胥視一般對將來滙率變動的預期性質而定。假定滙率之變動被認爲係屬於暫時性，則投機之力量將減輕滙率之變動，即發生穩定滙率之作用。反之，如短期滙率之變動被認爲仍將作進一步之變動時，投機之力量將使滙率更趨上漲或下降，加强滙率之不穩定。在外滙市場中之投機行爲，可以分爲兩種型態，一爲商品的投機行爲，二爲滙兌投機行爲。玆分述如下：

(1)商品的投機　假定在自由市場，滙率開始上漲，再假定無任何人爲的控制，則本國與外國之進出口商將預測滙率變動之可能趨勢爲何。如一般預測在短期內，滙率會降至原來水準，則國內進口商在滙率上升時，將延期進口，希望不久之後可以較有利的價格進口；同時，對於購買本國出口商品及勞務之外國進口商，則將加速他們的定貨，以期把握這短暫而有利的情勢。前者可減少對外滙之需求量，後者可增加外滙之供給量，兩者均趨於使滙率恢復穩定。同理，可說明在滙率下降後，如一般預測在短期內將會上升，則國內進口商將趁滙率較低時加速向國外定貨，至於購買本國出口商品及勞務之外國進口商，則將延遲定貨。如此，對進口的需求增加出口的減少。兩者均可抑制滙率降低，發生穩定作用。

以上分析結論，係假定市場上一般預期滙率之上升或下降均為暫時性的，在近期內滙率將作相反之變動。如果一般預期滙率將繼續上升，則國內的進口商為恐將來進口成本愈高，將加速其進口定貨，以便將來價格再漲時，可以減少或停止進口。另一方面，外國的進口商，滙率上升雖然進口貨價較便宜，但仍不會增加其進口；因預測不久將來進口貨價格仍將續降。於是延遲進口定貨。以上兩種行為對滙率皆發生不穩定的影響。前者增加對外滙的需求，後者減少外滙的供給，以致使滙率更加上升。

(2)滙兌投機　外滙市場之投機行為，以直接對外滙的買賣影響滙率變動最大。投機商對外滙的買賣，其目的不在用於對輸出入商品勞務之收付，而為當滙率變動時獲取差額之利得。這種交易，在國際收支平衡表內屬於短期資本帳戶。

因滙率變動而引起之投機性資本流動，其所發生之影響如何，亦隨一般對於滙率預期而異。如滙率上升，一般預期為暫時性的，則持有外幣或外滙者，將在市場出售其所持有之外幣或外滙。同時外國人亦將在市場賣出外滙，換取滙率上升國家之貨幣，意圖獲得由於滙率上升所引起的暫時利得。於是此種投機行爲增加外滙之供給，及導致短期資本流入滙率上升的國家，因而抑制滙率之上升。同理，如預測滙率下降爲暫時性時，則將增加外滙之需要及導致短期資本外流，因而抑制滙率之下降。

惟如一般預期滙率的上升或下降僅屬開端，並將繼續上升或下降。例如當滙率上漲時，國內之外滙投機者將反而增加購買外滙，同時國外之外滙投機商亦將買進外滙，減少其所持有之滙率上升國家之貨幣餘額，因此增加對外滙的需求，使滙率更加上升。反之，當匯率下降時，投機結果，將使匯率更加下降。

其次，吾人應注意者，商品與滙兌之投機活動，趨於同一方向進行，因而彼此發生互相加强之作用。是以如一般預期滙率之上升，係屬暫時性的，則上述投機活動，對於滙率有穩定性作用。如一般預期滙率之上升，以後仍將繼續上升，則上述投機活動，將促使滙率更加上升，增加滙率之不穩定性。

（四）遠期外滙買賣與避免滙率風險　前述商品與滙兌之不穩定投機，引起滙率之劇烈波動，因而影響正常貿易之進行，實爲自由滙率制度之重大弱點。惟滙率變動之風險，可以經由外滙市場遠期外滙買賣，予以隔離或避免。

所謂遠期外滙買賣（Forward exchange transaction），是指先行訂交易契約，確定買賣價格，然後定期交割之外滙買賣。在外滙市場中，此種方式之買賣，通常有三種情形：㈠為套利性買賣，卽一方面在現貨市場買進或賣出外滙，他方面在期貨市場賣出或買進，以資抵補，與股票市場套利相同。㈡為投機性買賣，卽投機者預期將來滙率上升，趁現時較低價買進期貨外滙，俟將來滙率上升時高價賣出交割，以賺取差額利益。反之，如預期將來滙率下降，則趁現時高價賣出遠期外滙，俟將來低價時買進抵補交割。㈢為避免滙率風險之買賣（Hedging against exchange rate risk）例如，進口商輸入貨物，訂定三個月之後付款，為避免外滙變動風險，乃依市場滙率買進三個月之遠期外滙，俟到期交割，卽用以償付貨款，如此可以不受滙率升降影響，並可確定其所購貨物之成本計算。又如出口商輸出貨物，訂定三個月之後收款，亦可先行賣出遠期外滙，俟到期交割時，卽以所收之貨款抵付，以避免受滙率變動之影響。此種遠期外滙交易，對於正常貿易之進行，頗有助益。

總之，滙率之自由波動，其不利影響，可歸納為以下數點：⑴輸入品及輸出品的價格，隨每次滙價的波動而波動，不利於維持國內經濟之穩定。⑵每筆國際交易至少牽涉到兩種貨幣的收付，滙價波動之風險，對國際貿易構成阻碍。⑶滙價波動在向下波動時，必然引起資本逃避，更促使滙價貶低，波動的幅度更增大。⑷滙價波動引起資本逃避的結果，國內金融市場必然出現不正常的高度流動偏好，以求掌握現款，從而待機在滙兌投機中牟利。(5)滙價波動不定，影響幣值穩定，將嚴重阻碍外國對本國的長期投資。(6)滙價自由波動的最後結果，往往導致嚴格的外滙管制，不利於自由貿易發展。

第五節　金本位制度下之滙率

(一)固定滙率與現金輸送點

在國際金本位制之下，滙價標準是根據各國通貨中含金量之比率所計算出來的金平價（Gold parity）。一九三〇年代的英、美兩國，都是金本位制國家。美金所含黃金純量爲二三・二二克冷（Grain），等於一盎司值美金二〇・六七元，（480/23.22＝20.67）。英鎊所含黃金純量爲一一三克冷(Grain)，即一盎司值英鎊三鎊十七先令十便士半。一旦黃金含量確定後，在金本位制下，其滙率即固定於金平價之上，同時貨幣發行當局，可以按官定價格，無限制的自由買賣黃金，因此市場價格與官價將趨一致。

再者，在金本位制下，黃金可以自由進出口，滙價的波動，便以兩國通貨所含黃金之比率爲準，在其上下狹窄之範圍內變動。即在固定比率加減因運送黃金進出口所需之運費、保險費及利息等費用合計數額之範圍內變動。例如，假定在一九三〇年時，輸送一英鎊所含黃金的上述各項費用，爲美金二分，兩國貨幣之金平價爲四・八六美元對一英鎊，加上美金二分，即四・八八美元，便成爲外匯滙率上，黃金由美國外流的「黃金輸出點」（Gold export point）；金平價四・八六美元減二分，即爲四・八四美元，便成爲外滙滙率上，黃金流入美國的「黃金輸入點」（Gold import point）。在正常情形下，外滙滙率即在此範圍內，隨外滙供求之變化而波動。一旦供求失衡，滙率漲逾黃金輸出點時，則輸出黃金較購買外滙有利，於是黃金外流；反之，滙率跌至黃金輸入點以下時，則出售外滙反不如直接從英國輸入黃金有利，於是黃金內流。

（三）短期資本移動

由於在金本位下，滙率波動限於較窄範圍內變動，則由滙率變動而引起有破壞穩定性之資本投機亦無從存在。同時，由於市場滙率不能高於黃金輸出點，亦不會低於黃金輸入點，資本移動之投機反而發生穩定性作用。當滙率開始上升時，投機者將賣出外滙，以圖獲取滙率暫時上漲之利益。因此短期資本內流增加，市場的外滙供給量亦增，足以阻止滙率高於黃金輸出點。在此情形下，短期資本內流替代黃金外流。當滙率下跌時，情況亦同。投機者將買進外滙，於是短期資本外流，外滙需求增加，足以阻止滙率低於黃金輸入點。在此情形下，短期資本外流替代黃金內流，使滙率穩定。

大體言之。在金本位制度下，滙率往往比較穩定，不僅因黃金流動自動的限制其最高和最低的滙率。且當滙率上升時，短期資本內流，提供較多的外滙，以增加供給；下跌時，短期資本外流，增加外匯需要，從而維持滙率之穩定。

第六節　外滙平準基金制度

在可變滙率制度下（Flexible exchange rates），一國通貨的國際價值，並不與某種商品（例如黃金）固定聯繫，亦不任其隨市場力量自由決定。可謂介於金本位的固定滙率和自由變動滙率兩極端之間之折衷制度。既不似金本位及自由變動滙率制度之下，完全聽任自由市場力量來決定滙率，亦不似外滙管制制度之下的滙率，由政府對外滙市場直接予以管制。在此制度下，滙率雖亦任由自由市場之供求來決定，但政府亦參加市場活動，使市場的供求，除自由供求外，增加間接控制或影響滙率變動之力量。在此制度之下，政府對滙率之控制不同於外滙管制制度，並非對自由市場予以否定，而是以運用調節方式爲之。

在此制度下，政府之干預外滙市場，控制或影響滙率，通常係由中央銀行或財政部執行之，或由特設之機構負責。例如，一九三〇年間英、美、法及其他幾個重要貿易國家所設立之外滙平準基金(Exchange stabilization funds)爲一般所熟知者。在英國，爲設在英格蘭銀行內之外滙平準帳戶(Exchange equalization account)。此項平準基金，數額龐大，包括黃金、外滙、及政府公債或銀行存款等，加以運用，以調節外滙供求。當滙率過度上升時，由負責機構按照市場匯率，無限制賣出外匯；於匯率過度下降時，按照匯率，無限制買進外匯。如此，匯率卽可穩定於認爲適當之水準上，雖然此項水準亦非固定不變。此項平準基金之運用，對於投機性及破壞穩定性之短期資本移動，發生防止及平抑作用。

第七節　外匯管理制度

外匯管制與其他各種匯率制度的基本不同之處，在於此種制度之下匯率，是以政府對外匯買賣作直接控制爲基礎，由政府決定之。其控制之範圍及嚴格程度，雖有不同，但是外匯之買賣，必須受外匯主管當局的限制，則無二致，需要購買外匯者，須申請核准，或領取許可執照，始能結匯；有外匯收入者，須售給外匯主管機構，以換取本國貨幣。有些制度間或容許有限度的自由外匯市場，卽規定若干進口所需或出口所得之外匯，可在自由市場買賣，不受上述之管制。實行直接外匯管制，對於外匯之需要及供給總額，可以有計劃的予以控制，例如在進口方面實行許可制，可以計劃減少或增加外匯之有效需求，至於外匯供給，雖然直接控制之效果較小，惟可以補貼出口，或對某些出口結匯適用優惠匯率等辦法，使出口受到鼓勵，因而增加外匯供給。

在此制度下，由於匯率之厘定非出於市場之供求關係，而出於主觀的決定，卽武斷訂定於政府所認爲適當的水準之上。如在一定匯率水準之上，外匯之需求大於外匯之供給，則外匯主管當局可以採用下列方式：⑴從政府黃金、外滙準備中提供額外的外匯，以滿足强烈之需求；⑵減少或拒絕發給結滙許可證。又如滙率水準下降或外滙供過於求時，換言之，即出口外匯收入大於進口所需外滙時。主管當局可採用下列方法：⑴累積政府黃金或外幣餘額；⑵多發結滙許可證，增加有效需求。在一定程度的外滙管制之下，由變動外滙的供求，政府得以維持所定之滙率水準。

實際上，任何國家欲求有效之外滙管理，較諸理論爲難，因爲當滙率非源於供求之均衡，而決定於主觀政策上的臆斷時，首先使國內通貨在國際上之可移轉性爲之消失，就國際商品勞務支付之媒介或工具言，其功能亦爲之減少。從而影響國際間自由貿易，或多邊貿易之可能性。同時，在國際金融市場，因其消滅國際資金自由移轉，使國際上之幣信受到影響，如此互爲因果，使對外貿易往往受到限制，使貿易區域縮小，國際貿易之機動性爲之減少。

就滙率本身言，因爲管制之滙率既非源於供求，且其所定之滙率水準，往往使外滙之需要大量超過供給，此項受壓制之需要必然轉而求諸黑市之供給，因此產生黑市滙率。同時套滙及走私亦爲不可避免之結果。此外由於國際貿易在選擇性之下爲之，其貿易條件是否合於經濟原則，及其對於貿易所獲福利之影響，亦值研討。

第八節　國際外滙制度新趨勢

目前自由世界國家通行之外滙制度，在滙率方面，經本世紀幾度演變結果，已逐漸形成以國際貨幣基金爲中心之滙率制度。目前參加國際貨幣基金之會員國，幾已包括自由世界國家全部，一致遵守基金關於滙率之規定。

此種滙率之形成，可謂容納歷史上金本位（或金滙本位）匯率、可變滙率與外滙管制滙率，三種制度之特性，而產生之混合制度，茲分述如次：

㈠源於傳統的金本位或金滙本位匯率之特性者：

(1)會員國的通貨，須宣佈其外滙平價，該項平價，係以黃金或美元計算。

(2)維持實際滙率於其外滙平價上下之狹窄的幅度以內，與傳統金本位下之黃金輸送點相似。

(3)經常帳戶之交易，應自由支付，不受數量的及差別待遇之限制。

(4)國際準備金一部分以「關鍵」通貨（Key currencies）的形式保存，所謂關鍵通貨主要爲美元及英鎊。

㈡源於一九三〇年代可變滙率制度之特性者：

(1)透過官方對外滙之買賣，由中央銀行或平準基金控制市場滙率。藉以維持實際滙率於平價上下狹窄幅度之內變動，以代替充分金本位制度下自動調整之功能。惟美國不採用此種方法，美元國際價值之維持，係按照每盎斯黃金等於卅五元之固定價格，外國政府可自由將美元向美國政府兌換黃金，或以黃金向美國政府兌換美元。

(2)於市場供求發生暫時性變動時，維持滙率之穩定。但在遭遇對國外支付持久性之不平衡時，得變更滙率。

㈢源於外滙管制制度之特性者：對於資本的移動，如證明以控制爲宜，或有控制之必要時，仍可由政府對此種移動予以控制。目前除美國及加拿大外，大多數國家均有若干程度之外滙管理及控制。

根據以上特性，自由世界一般的滙率制度，可以歸納爲以下幾點主要特性：

(1)滙率維持穩定，但不使其膠着不動，以保持有限度的上下變動。

(2)政府對滙率加以控制，其程度雖有不同，但不干涉經常帳戶個別交易之自由。

(3)外滙政策，在開發經濟中，非僅負有穩定經濟之任務，且以促進經濟發展，以達成較高成長與更多國外之貿易爲目的。

(4)管理外滙爲開發經濟中不可或缺之工具，以期在開發中所需之資本，尤其資本財之進口外滙，能從國民總所得中優先提供，近幾年來在若干國家中已著成效。惟在經濟逐漸成長，所得增加，或達到較高的階段後，外滙政策即逐漸由嚴而寬，從以開發爲中心的觀念，演變而爲以國民消費福利爲主，使與以進口爲目的，以出口爲支付手段的基本貿易觀念，逐漸脗合。也代表經濟發展不同階段，需要不同思想與政策的一般趨勢。

第三章　國際收支

第一節　國際收支平衡表

從國際貿易之理論探討，吾人已知，一個自由經濟制度的國家，其生產的方向往往是致力於生產對其有比較利益之商品，而以這些商品出口，交換那些在別國有比較利益的商品。但國際收支，非僅限於商品的移轉，尙包括勞務及資本之移轉。因此，國際貿易之內容，可歸納爲以下幾個項目：卽商品及勞務的流動，長短期資本的流動，黃金的流動與單方向的資金移轉。其中商品及勞務的流動，及資本之流動實爲國際貿易上最基本的項目，亦爲影響資源之重分配與各國眞實所得水準之重要項目。短期資本流動及黃金流動在國際支付機能上係屬於「調節」項目。至於國際間單方面之移轉，如贈與、外援、賠償等，通常只在特殊情形或短期間所發生，除了有規則或固定性的私人滙款外，近年來，由於國際間相互援助之普遍，此一項目已逐漸佔較重要地位。

一個國家之國際收支平衡表與其國民總所得保有密切關係。因爲國民所得在生產方面，包括了商品與勞務的經常生產；而在貨幣所得方面，包括了商品與勞務生產所得之分配。在國民總生產的組成中，對外貿易之淨銷售代表一國總出口與總進口間之差額。一國對外收支總額之一部分是由經常生產中商品及勞務的交易而產生的，此一部分之國際收支，吾人稱之爲「國際收支的經常帳戶」。

所謂國際收支平衡表(The Balance of International Payments)，簡言之，爲一國之居民、企業行號、政府及其他機構，和世界其他各國間，在一定時間內，所有商品、勞務、債務或所有權憑證等之交易及移轉，分類而成的一覽表。不過，國際收支平衡表並未提供詳細之資料，以說明交易的特性，僅爲將大量的個別交易行爲分類加以簡化而已。國際收支平衡表之編製是根據會計上複式簿記原理而處理的，即是將國際上每一個商業交易行爲，分成借貸兩方，分別加以記錄。例如美國一家公司出口商品一百元與英國顧客，在美國方面其記錄如下：

	貸方	借方
商品出口	$100	
資本流出		$100

同時，在英國方面，其記錄如下：

	貸方	借方
商品進口		$100
資本流入	$100	

如果商品出口是屬贈與，則可將資本流出入項目改爲「贈與」即可。總之，每一筆交易即有

雙方相等之項目記錄，經過結帳彙編後，卽可編成一「國際收支平衡表」。

國際收支平衡的結構，可從縱的歸納與橫的分類說明之：

㈠縱的歸納：是將一國在一定期間，與世界其他各國間的所有的交易與移轉（exchange and transfers），歸納爲借方帳目和貸方帳目兩部份。借方帳目包括：商品輸入，勞務輸入（包括由外國船隻提供的航運勞務，外國機構提供的保險、銀行、經紀人等勞務，付與駐外的外交，領事等其他機構的費用。及外國人持有國內債券、股票或其他資產的利息與股息等。）資本外流，對國外單方移轉（包括對外國居民及政府的贈予、援助、捐獻、滙款、賠償等），及黃金輸入等項目。貸方帳目包括：商品及勞務輸出，資本內流（包括在國外銀行餘額的減少，在國內外國銀行餘額的增加，國外直接投資之淸償等），國外對本國的單方移轉及黃金輸出等項目。

㈡橫的分類：分爲經常帳戶（Current account）或稱流動帳戶，資本帳戶（Capital account）、單方移轉（Unilateral transfers）、與貨幣性黃金移動（Monetary gold movements）等，玆分述如次：

(1)經常帳戶：包括一國與世界其餘國家間，所有商品及勞務的流動，卽爲全部商品與勞務之輸出與全部商品與勞務之輸入之差額。此項餘額在國民所得中稱之爲淨國外投資（Net foreign investment），如果經常帳戶的餘額爲正數，卽爲一國之淨國外投資；如爲負數，則爲一國在國外為負投資。

重商主義時代，國際貿易以商品為主，因此商品輸出大於商品輸入時，學者稱之為有利的貿易差額（Favorable balance of trade），但此一觀念，已不正確，因為貿易上雖有負的差額，往往仍屬有利。蓋現代貿易，除有形的商品項目外，尚有無形的項目逐漸占重要他位。諸如某國船隻之載運外國旅客，及其他服務收入，國外之盈利及移民寄回本國之贈與，以及觀光旅行收入或支付等皆為無形的項目。如美國旅客在巴黎飲酒之費用，在國際收支之最後差額上與自法國輸入之酒類，並無區別，同屬輸入。同理，美國航運保險業為國外承保之保險，海外投資收入等與輸出商品，亦完全相同。

(2)資本帳戶：包括債務或所有權憑證之國際交易與移轉，如股票、債券、及其他證券、外國通貨及在外國的銀行存款等。資本帳戶有長期及短期之分，其劃分標準通常為一年。銀行存款、承兌、經紀人頭寸、活期放款、及短期政府債券等，屬於短期資本帳戶。在國外發行長期債券，以及對國外工廠及設備的直接投資，則為長期資本帳戶。

私人公司與政府所從事的國際借貸與投資，往往反映國際貿易的順差和逆差。同時，國際間資金的流動，往往由資本報酬低的地方，轉移到資本報酬較高的地方。雖然對於資本的報酬及風險常有不同之估計，由於安全與報酬之考慮，資本往往由一個國家，轉移到另一個國家。資本的淨流動，往往由資本供應相當富裕而報酬低的國家，轉移到資本少而報酬較高的國家。

茲再將長期短期資本的內容，詳述如後：

長期投資大體可分爲三類：㈠直接投資；㈡債券投資；㈢貸款。直接投資指購買國外公司的股票及直接在國外設廠，合作投資等，投資者本人對公司保有直接控制權。直接投資也包括地產與資產的購買。債券投資包括各種政府公債與公司債券的購買，投資者對公司無直接控制權。

至於短期資本的移動，其動機大體亦可分爲三類：㈠一般人可能因爲受到國際市場鼓勵而購買外國短期有價證券，包括債券，商業票據，銀行承兌票據等，其目的是在賺取報酬，此種資本的移動純爲增加所得。㈡某一個國家的貨幣的對外滙率，預測有所改變時，也可能引起一般人對於該貨幣之買賣，換言之，此種資本移動之動機是在投機。㈢由於戰爭的可能發生，政治的不安，或通貨膨脹所引起的恐懼心理，足以引起一國居民或外國僑民，將資金滙往海外。此種性質的資本移動，其動機是爲了資本的安全。

(3)單方移轉：國際收支平衡表內一切交易和國民所得與國民生產有其直接關係。但是國與國之間，或一國居民與他國居民之間，除借貸外，往往有相互捐贈者，此類捐贈和一般商業交易有所不同。一般商業交易，包括在國際收支的經常帳上，而國際捐助，雖亦記在平衡表上，却無商品勞務與貨幣交換行爲。個人和政府將商品勞務或金錢，轉移給外國某一個人或外國政府，並未取得任何報酬。因此，其記載的方法是在帳項的一方註明爲捐贈，另一方註明爲捐贈的收受，如此即可保持帳項的平衡。

一個國家的收支平衡表上的捐贈項目，包括範圍很廣。最主要者，如軍事援助、經濟援助、技術援助、僑民滙款、宗教團體與慈善團體的救濟捐贈、及賠款等。甲國對乙國根據一種援助的基礎，供應軍事或者資本的設備，這些東西，將登記在甲國帳項的收方，並在付方登記相同的數額，書明爲「捐贈」，以表示未收到任何報酬。

(4)貨幣性黃金移動：討論國際收支平衡表時，往往發現「順差」、「逆差」和「準備金」等名詞，順差指在國際收支平衡表內經常帳上貿易餘額，代表一國的商品與勞務的出口收入大於商品與勞務進口支付。逆差是國際收支平衡表上的一種貿易虧損，它的產生，是由一國商品與勞務的進口支付大於該國商品與勞務之出口收入。吾人復可將國際交易行爲區分爲自動性的交易行爲，與被動性的交易行爲。經常帳項內商品與勞務的進出口，如果是根據利潤之觀點進行，便是自動的交易行爲。但是本國在外國存款的移動如非根據牟利觀點而進行，則爲屬於被動之交易行爲。被動的資本移動，是否爲順差或逆差，需視自動交易大小而定。至於捐款在性質上是自動的，長期資本的移動，不論出口或進口，也是自動的。而短期資本的移動，如其動機在謀求較高的報酬，從事投機活動，或爭取資金的安全，也屬於自動的範圍。

至於黃金的移動，和政府之資本移動，往往是由於其他交易所產生的結果。如某國中央銀行減少外國存款，不是由於自身的決定，而是由於國際收支平衡之逆差，以致付出外匯或出口黃金，以達成國際收支平衡。在被動的國際交易中，所表現的是準備金的移動，這種情形非常普遍。國際準備金的移動，是在塡補國際收支平衡的差額，吾人可以根據準備金的移動情形，以衡量國際收支的順逆，同時吾人亦可以從國際收支平衡表，了解一個國家所具國際資金地位之强弱，特別是對於各時期國際收支平衡情況作一比較後，使吾人對該國國際經濟地位變動之性質與範圍，獲得清晰之了解。

一個國家，在經濟開發初期，由於資本財之大量進口，從事經濟發展，其經常帳戶往往發現入超，其差額大都靠資本內流或外援彌補。

經濟成長中國家之經常帳戶，常爲出超。惟由於從事海外投資，因此資金外流，其資本帳戶則常爲逆差。至於高度開發國家，其經常帳戶，亦常保持順差，如與資本帳戶相抵後，仍有大量順差時，則往往以援外、贈與或國際貸款方式處理。

四、收支平衡表的格式

茲以美國一九六一年度的收支平衡表爲例，列表如下：

第二節　國際收支平衡之調整

一、國際收支平衡原則：

(1)借貸總額必定平衡：國際收支平衡表之借方總額必定等於其貸方總額。因為收支平衡表是

The Balance of Payments of the United States
1961,（單位百萬美元）

	借方（付方）	貸方（收方）
I. 經常帳戶		
商品(不包括軍略物資與勞務)	$ 14,514	$ 19,915
軍援淨額	——	1,465
投資所得（利息，股利）	882	3,682
交通運輸業	1,991	1,685
旅行支出	1,747	975
雜項勞務	3,789	1,809
商品與勞務總額	$ 22,923	$ 29,531
餘額		$ 6,608
II. 資本帳戶		
長期：		
美國資本外流	$ 4,542	$ 1,397
外國資本內流	——	606
長期資本總額	$ 4,542	$ 2,003
餘額	$ 2,539	
短期：		
美國資本外流	$ 1,734	$ ——
外國資本內流	——	1,719
短期資本總額	$ 1,734	$ 1,719
餘額	$ 15	
長短期資本總額	$ 6,276	$ 3,722
餘額	$ 2,554	
III. 單方移轉		
私人滙款淨額	$ 643	
政府的贈予援助賠償等	3,551	
餘額	$ 4,194	
IV. 貨幣性黃金移動		
黃金移動淨額	$ ——	$ 742
全部帳戶總額	$ 33,393	$ 33,995
錯誤與漏列	602	——
總計	$ 33,995	$ 33,995

採用複式記帳原則，每一筆交易，均分別記入借方貸方，數額自必相等。例如，一筆貨物出口是一筆貸方帳目，但出口必以某種方式清償，例如由出口商接受外國通貨或一筆外國頭寸的方式，由進口商支付其在出口國之通貨或銀行帳戶餘額的方式，由出口國給予貸款的方式，以運輸黃金至出口國抵償方式，或由出口國給予贈送的方式等等。不論其採取何種清償方式，在出口國的收支平衡表中，總構成一筆借方帳目。因為每筆交易在收支平衡表中發生相等而相反的帳目記載，因此其借方總額必然等於貸方總額。其次，一國和個人或任何其他經濟主體一樣，其支付不能多于其經常的收入，除非使用其現金準備，出賣其若干財產，舉行借款、或取得贈款予以彌補；同時，經常收入亦不可能多于其支付，除非其用以減少負債、累積準備金、獲得資產、實行放款、或者對外贈送等。結果，其借貸總額，亦必定相等。

(2)抵補性平衡原則：是指收支平衡表中，四個橫的分類帳戶，相互作抵補性的平衡。即經常帳戶、資本帳戶、單方移轉、及黃金準備等四個帳戶之一個或幾個的順差或逆差，必同時伴隨着一個或幾個其他帳戶的相反差額。例如經常帳戶的借多於貸，必伴隨着資本帳戶、單方移轉，或黃金準備等帳戶的貸多於借，或借多於貸；如此，收支平衡表中所有帳戶加在一起，其差額必為零。當然，在統計方面可能有所出入誤差或遺漏之處，通常經由「誤差或遺漏」項目調節，使國際收支保持平衡。

其國家之對外收支不是單純的帳面平衡而已，而是如何從政策上、方法上，設法達成實際的收支平衡。有些國家不知須經過幾許艱苦和發展，方能達到平衡之目的。國際貿易不平衡現象的繼續發展，特別是涉及國際收支逆差的不平衡現象，如不加以遏止，勢必引起黃金準備之外流，一九六四年美國國際收支情形即爲一例。

二、國際收支不平衡的調整：

一個國家，可以自由選擇和決定本國貨幣本位制度，建立獨立之貨幣體系及政策，決定貨幣的對內價值或購買力。至於對外價值，則根據外滙市場供求情形的相互關係而決定。換言之，對外滙率，則任其自由波動，不加控制。此即所謂自由滙率制度，在實行紙本位貨幣制度國家，常採用此種方式。

一個國家也可以規定本國貨幣與外幣的固定滙率。這種辦法，是根據某種客觀的標準，如黃金，來確定本國貨幣和其他貨幣的固定比例。如每一國家均規定黃金的價格，由政府無限制的按照規定價格，以本國貨幣自由買賣，於是各國的滙率，便可根據各國貨幣所含之相對黃金價值來確定。這種制度，即所謂金本位制度。

一個國家也可以在上述兩種制度之間，採取其邊點而形成第三種制度。一方面保持貨幣政策的獨立性，同時也保持滙率的穩定。此即目前各國所採用，對於外滙的供求，採取直接控制之方法。卽所謂管理外匯制度。

以下各節，將分別就國際收支平衡之調整過程，根據上述三種制度作一比較研究。

第三節　自由滙率制度收支之調整

在實行自由滙率制度國家，其對外滙率不受任何控制，而任其自由變動，主要的靠公開市場之作用，而調整其供求之平衡。例如：假定法郎和美金的滙率關係在均衡狀態中，法國外滙的需要如圖中之D，法國外滙的供給如圖中之S，其交點爲a，此時法郎與美金的滙率，爲三五〇法郎換美金一元。在此均衡滙率下，法國的出口價值等於進口價值。換言之，進出口的值如以美金計算設爲二億美元，如按法郎計算則爲七百億法郎。假定由於若干原因，如關稅提高，出口減少等，使法國出口下降，則原有均衡狀態打破，外滙的供給曲線移爲向左方而成新的一條S_1，假如沒有其他因素發生作用，則法國之出口價值，將降爲一億二千五百萬美元，其進口價值依舊保持二億美元。於是法國的國際收支使將出現七千五百萬美元的逆差。但因外滙滙率可以自由移動，結果，由原來滙率三五〇法郎對一美元，提高到四五〇法郎對一

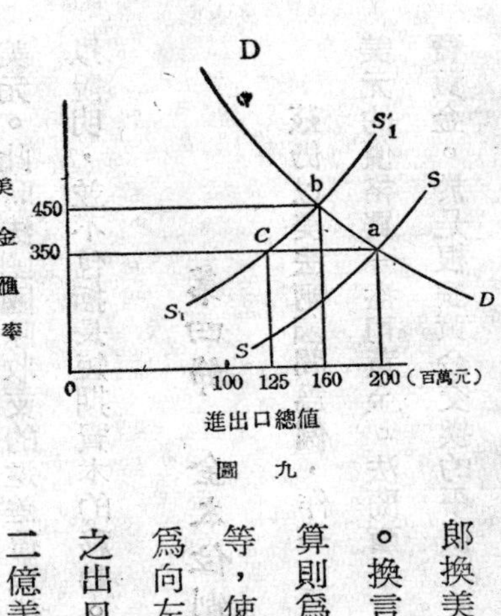

圖九

美元的滙率，使外滙供需達到新的供需均衡狀態，如圖中交點b，進出口價值調整爲一億六千萬美元。此時法國國際收支的逆差得以終止。上述外滙需要與供給，係僅以商品與勞務爲對象，予以說明，並不包括長短期資本的移動。

第四節　金本位制度下之調節作用

茲仍以美法兩國間爲例，作一比較。如美國的財政部及聯邦準備制度，規定隨時可按照卅五美元的價格買一盎司黃金。法蘭西銀行，規定一盎司黃金，等於一二、二五〇法郎，無限制的買賣黃金。於是根據黃金交換的平價，便可求得三百五十法郎換一美元的比率。只要兩國繼續維持金本位，則兩國間之眞實滙率便以黃金平價爲根據，決不會超出上述比率加減黃金運輸成本之範圍。如果黃金清算採取滙劃方式，而不直接運送，則黃金由一國轉移到另一國所需的運輸成本，便等於零。兩國貨幣之交換比率，卽以黃金平價爲準。

根據外滙市場之均衡，法國人不欲支付三百五十法郎以上之代價以購買美元滙票。同時亦無人願意以少於三百五十法郎之代價出售美元滙票。在此匯率之下，供求雙方的交易趨於均衡。如果法國國際收支平衡發生逆差，則可由商業銀行和法蘭西銀行以提取美元外滙存款之方式予以抵償。如商業銀行在海外美金存款不足，其餘額勢須由法蘭西銀行塡補之。法蘭西銀行獲得美元外滙之方法是將其在巴黎所擁有之黃金，存入美國聯邦準備銀行的帳戶，紐約聯邦準備銀行接到法蘭西銀行的通知，便劃出所需要的美元，來支付法蘭西銀行所簽發的美元滙票。

國際收支不均衡的調整辦法與過程，其一爲使進口數額下降，或出口增加，國際收支平衡逆差，得以縮小。另一個調整方式爲由於國民所得的下降所引起的通貨緊縮，而使國內物價下跌，遂刺激出口與阻止進口。此外，在金本位制度或任何其他國際貨幣制度採取有計劃之緊縮手段，以減少貨幣供應。換言之，係將國外存款或等值的黃金出售給進口商，使同額的國內貨幣消失，用來加速國際收支平衡的調整。十九世紀中，英格蘭銀行爲了防止黃金出口和損失，於是提高貼現率，出售證券，而將外滙滙率壓低。這種方法是：第一、降低國民所得與價格，而發生調整作用；第二、吸引短期資本流入倫敦，以增加外滙的供應，以代替黃金的出口，彌補國際收支逆差。

第五節　外滙管制及其利弊

前述兩種滙率制度之國際收支調節過程，主要的爲透過自由市場滙率變動，或透過金本位制度下之現金輸送，以調整其收支之均衡。又者，在金本位制度下，尙可採取貨幣貶值之方式，爲調節收支之手段，卽減少貨幣所含法定黃金量，因而使滙率上漲，藉以抑制輸入，鼓勵輸出，從而減少經常帳戶之逆差，使國際收支達於均衡。

此外尚有一種穩定外滙之有效方法，就是由政府實行外滙管制(Foreign exchenge control)，即由政府外滙管理當局，採取各種管制手段，透過對外滙之統一調度，以實現穩定滙率，及平衡外滙收支之目的。各國所採行之管理方法，雖不一致，惟有一共同基本原則，即出口所得外滙或其他外滙收入，必須結售與政府指定之銀行，進口所需外滙或其他外滙支出，必須向政府指定之銀行申購。至於實際採用之管制手段，甚爲繁多，惟歸納之，不外爲下列三大類：㈠數量的管制（Quantitative restriction），係從限制進口外滙分配數量着手，以達到外滙管制目的。如採取進口限額制、進口許可制、限制或暫停進口及簽訂易貨協定等方法。㈡價格的管制（Cost control），係從限制外滙的買賣價格（包括官定滙率及實際滙率）着手，亦即以價制量的方法，達到外滙管理目的，例如，採用官價滙率、平準基金、複式滙率等方法。㈢混合管制，（Composite restriction），即同時採取數量的管制與價格的管制，予以混合運用，例如進口限額制與複式滙率之混合運用，即爲方法之一種。以上三類管制方式，其詳細內容，當在討論外滙實務時，詳爲說明。

實行外滙管制之顯著優點在於：㈠使國內經濟與來自對外貿易的干擾因素隔離。矯正經常帳戶平衡，同時可以實施擴張性的貨幣及財政政策，而不致因對外支付平衡問題，使政策有太多顧慮。(二)與自動或自由市場的調整方法比較，外滙管制比較有選擇性。管制當局可選定某些進口貨，予以減少或鼓勵進口，某些地區外滙的使用，予以節省或放寬。同時，管制當局可決定對於某種奢侈品之進口，嚴加削減，俾使其他被認爲較具社會或經濟發展價值進口貨，予以增加。(三)在所有外滙制度之中，對於收支不平衡及劇烈資本移動之阻止或減輕，外滙管制爲最確實有效的方法。自由市場對於矯正經常帳戶之不平衡，雖然頗爲有效，但對於强烈之資本外流，往往不能發揮作用，甚至於推波助瀾，刺激資本之外流；此時，如繼續容許外流，結果，在固定的滙率下，必喪失黃金及外滙準備，且嚴重影響現有貨幣本位及外滙制度。如實行外滙管制，則可以停止此種資本外流，迅速收效。

至於外滙管制之缺點，其最爲嚴重者爲對於生產資源未能作最有效之分配及運用。雖然理論上，外滙管制旨在阻止不正常資本移動；但實際上，外滙管制必然使生產及貿易發生脫節。自由外滙市場是國內和國外成本價格之間之聯鎖，倘此聯鎖一但中斷，則成本價格比較的根據，資源有效分配的機能，就爲之破壞。在自由市場，國際貿易商品的價格，在理論上，所有貿易國家商品，除去運費，應趨於相同；但在外滙管制之下，因爲受種種限制，使國際價格均等化的力量失效。其次，外滙管制目的之一，在維持一個在國際上價值高估之通貨。如此，在人爲之高估滙價下，所有商品價格，均屬國外廉於國內，外滙管制下之出口貨，因成本價昂，出口量受到限制，結果，生產資源之有效使用，受不良影響。此外，外滙管制及不能自由兌換之通貨，趨向於强迫對某地區間或國家間之雙邊貿易，違背比較利益的原理。在雙邊貿易之下，向某一國家購買進口貨，非如在自由市場之下，決定於其國際供需價格，而是決定於某些地區是否有貿易協定或外滙來源。結果，非僅貿易之效果降低，貿易量及機動性亦較多邊制度爲少。在外滙管制之下，複式滙率及套算滙率（Cross-rates of exchange）足以使以成本及比較價格爲基礎之國際貿易，增加其不正常之程度；低滙率或有利於某些進口貨，卻影響某些出口貨，高滙率雖鼓勵若干出口貨，卻影響了若干進口貨，儘管管制外滙有助於國際收支之平衡，究非自然達成，結果影響到國家資源之有效分配。惟在開發中之經濟，爲求短期收支平衡之達成，及開發政策之執行，外滙管理卻爲不可或缺之必要過程。

第二篇　國際貿易實務

第一章　概　述

第一節　國際貿易的特質

國際貿易一稱對外貿易，爲一國與他國間商品及勞務的交易或買賣。商品的交易，卽是「有形貿易」，勞務的交易，則稱「無形貿易」。貿易成交，必有買賣雙方，而貿易方式，則自古代日中爲市，交易而退的市場，演進爲近代以貨幣爲交易媒介的型態。

買賣成交的方式，除以現款買現貨外，有時買賣雙方可以先期預成交易，並約定於簽約後若干時間交貨，亦有於交貨後延遲至若干時間付款。此種先期預成交易的方式，其間卽包含有買賣雙方的「信用」在內。大凡信用一定會有風險，惟國際貿易所包含的風險，常較國內貿易者爲多。茲將國際貿易的特質，列舉說明如次：

一、買賣雙方所處國度不同，彼此可能互不相識。縱屬相識，亦難時常晤面。故雙方信用不易瞭解。

二、因買賣雙方相處遼遠，無法以現款現貨立卽完成交易，所負風險較大。
三、國際貿易往往牽涉二種或二種以上之貨幣，故發生國際滙兌問題。
四、各國外滙貿易管理辦法之不同，國際貿易較易受到限制，不若國內貿易之自由。
五、各國法律及商業習慣，常因歷史背景之不同而互異，國際貿易較易發生爭執。
六、買賣雙方距離遙遠，貨物交運較爲複雜；而貨物運輸上之風險較大，發生保險問題；同時貨物品質標準不同，又發生檢驗與公證問題。
七、國際貿易之發生原係基於「比較成本理論」，由於各國關稅制度及稅率暨其他稅制之不同，致成本計算較爲複雜。
八、各國因貿易政策之不同，常對貿易區域加以限制，故連帶發生產地證明等問題。
九、各國所使用之文字不同，買賣契約隨之較難訂定。
十、由於無法以現貨方式立卽完成交易，買賣雙方之資金積壓較久，發生財務週轉問題。

綜上所述，國際貿易雖與國內貿易同樣是商品或勞務交換或買賣行爲，但二者之間仍有差別。其最大差別爲國際貿易所含風險較大，及資金積壓較久兩問題，由於近代銀行的發展，並提供其本身的信用，以解決上述問題，始能便利國際貿易的進行。故必須研究銀行在國際貿易中的功能。

第二節　銀行在國際貿易中的功能

近代銀行的發展，對國際貿易貢獻良多。上述國際貿易上的各項問題，因有銀行居於中介地位，大部份均可獲得解決，便利國際貿易的進行，玆分述如次：

一、買賣雙方的信用，因所處國度不同，不易瞭解，但可經由銀行或其往來行，協助徵信。

二、買方希望先收貨再付款，賣方希望先收款再交貨，如雙方僵持，國際貿易自無法進行。如由銀行作爲中介，一方面向賣方承諾於運出貨物即行付款；一方面向買方保證於收到貨物後始行收款，則問題可以解決，雙方均可減低風險。

三、銀行辦理國際滙兌業務，自可解決各國幣制不同問題。

四、銀行設有專門機構研究各國外滙貿易管制法令，可供貿易商諮詢。

五、各國銀行對有關國際貿易實務，業已有較爲統一之準則，以解決因各國法律及商業習慣不同之困難。

六、銀行可代貿易商核對貨運單據上規格是否與規定相符；並核對保險文件及條款。

七、銀行可代貿易商查詢各國關稅及其他稅法之規定。

八、銀行可代貿易商核對產地證明書及領事簽證。

九、銀行可透過使用商業信用證方式，給予貿易商資金融通之便利，解決其財務週轉問題。

總之，銀行在國際貿易中，居於中介地位，其功能已如上述，但其中最重要者，約有下列兩方面：

第一：減少買方恐付款後收不到貨，及賣方恐交貨後收不到款之顧慮，亦即解決貿易商的風險問題。

第二：透過商業信用證方式給予貿易商資金融通，亦即解決其資金積壓問題。

銀行為要達成此兩方面之任務，其基本工具為滙票及商業信用證之運用，詳見下節。

第三節　銀行協助國際貿易的基本工具

在國際貿易上，賣方既不願先運出貨物，冒收不到貨款的風險，買方亦不願先將貨款滙出，冒收不到貨物的風險，惟僵局總要打開，國際貿易始得推動，折衷的辦法，便是採用一種信用工具(Credit instruments)——滙票，以減少雙方所負的風險，簡單來說，即由賣方開出滙票，經由買方所在地之指定人代向買方收款，因指定人於貨運單據交付與買方時即可洽收貨款，故賣方可減少於貨物交運後收不到貨款之風險；而買方於付款時，即可收到貨運單據憑以提貨，亦可減少於付款後收不到貨物之風險，透過滙票的運用，雙方所負風險均可減少，國際貿易得以推動。

滙票雖是信用工具之一，但因尚未介入「銀行信用」，對買賣雙方的保障，仍嫌不够，尤有進者，並未能解決國際貿易的資金積壓問題。例如：

㈠就買方來說，在收到貨運單據後，雖然貨物尚未提到就須立刻兌付滙票票款，在目前貨運單據均係航寄，賣方交運後，一星期之內便可寄達買方，而貨物多係海運，幾個月之久才能運到，故買方積壓資金甚長。

㈡就賣方來說，貨物交運後，須將滙票連同貨運單據委託買方所在地指定人，代向買方兌付，不但此種可靠的受託人不易找到，也不能於貨物交運後，立即收到貨款，同樣遭遇資金積壓問題。

商業信用證的主要功能，便是使介入「銀行信用」，以增加買賣雙方的保障及解決資金積壓問題，簡單來說，其辦法係由甲地的買方，洽妥甲地的A銀行，向乙地的賣方開出信用證，在此信用證內，A銀行承擔爲滙票的付款人，並將信用證寄交在乙地的聯行B銀行，B銀行卽據以通知乙地賣方，賣方卽可照信用證所列條件，進行備貨，於規定期間內裝船，然後開發滙票及附帶之有關貨運單據文件，送交B銀行，B銀行卽寄往甲地之A銀行收款，在這個過程中，因有甲乙兩地之AB二銀行介入，自可增加買賣雙方的保障，而最重要者，買賣雙方因「銀行信用」的介入，均可獲得資金融通的便利。例如：

入。㈠就買方來說，如無「銀行信用」介入，買方於收到有關貨運單據後，即須兌付滙票票款，但依照信用證方式辦理，貨運單據及有關文件等寄到後，買方可請A銀行先行墊付（只酌付若干成數之保證金），俟貨運到後始行清償；甚至貨物運到後買方仍可請求銀行暫不付款，而以「信託收據」（Trust Receipt）將貨物先予提出，俟將所進口之貨物在國內出售後或約定期間之內，始行償付價款，因此，買方毋須擁有大量資金，便可購貨。

㈡就賣方來說，於貨物交運後，即可將滙票連同有關貨運單據及文件，售與B銀行，毋須俟B銀行向A銀行兌收滙票票款，便可收到貨款，甚至在收到A銀行信用證後，貨物在包裝完畢俟船裝運時，即可向B銀行（或其他銀行）申請打包放款，如其信用良好，或甚至在收到A銀行信用證後，即可向銀行申請外銷貸款，用以在本地採購外銷貨物出口，如無信用證的證明，賣方便無法證實已有甲地買方在一定期間內向其訂購一定規格之貨物，便無法使B銀行（或其他銀行）同意予以資金之融通。

第二章　滙　票

前章說到在國際貿易上，賣方既不願先運出貨物，冒收不到貨款的風險，買方亦不願先將貨款滙出，冒收不到貨物的風險，折衷的辦法，便是採用一種信用工具——滙票，減少雙方所負的風險，可見滙票是便利國際貿易進行的基本信用工具之一，並爲買賣雙方的付款、收款及債權債務之發生與消滅的依據。因此，對滙票的種種，似有先加討論的必要。

第一節　滙票的定義、格式與類別

一、滙票的定義

我國票據法於民國四九年修正，在第二條加列滙票之定義如下：

「稱滙票者，謂發票人簽發一定之金額，委託付款人於指定之到期日無款件支付與受款人或執票人之票據」。

至於滙票上所記載之事項，依照修正後票據法第二十四條，逐一列舉如左：

一、表明其爲滙票之文字

二、一定之金額

三、付款人之姓名或商號

四、受款人之姓名或商號

五、無條件支付之委託

六、發票地及發票年月日

七、付款地

八、到期日

以上八項，爲構成滙票之要件。

國際貿易既係一國與他國間商品及勞務的交換或買賣，則除本國票據法外，對於與我國貿易關係密切國家之票據法，亦應併敍，以爲參考。玆根據美國票據法（Negotiable Instruments Law），滙票之定義有如左列：

「A bill of exchange is an unconditional order in writing addressed by one person to another, signed by the person giving it, requiring the person to whom it is addressed to pay on demand or at a fixed or derterminable future time, a sum certain in money, to order or to bearer.」

如將上列英文譯成中文，就是「滙票是由一人用書面通知另一人的無條件付款命令，由發票人簽字，要求被通知人，在見票時，或在一定之將來日期，支付一定之金額，付與滙票上所指定之人，或照此人之命令撥付，或付與持票人」。

比較本國法與美國法的文義，美國法稱滙票是「命令」，而我國法用「委託」，意義上稍有不同。因美國法在發票人的立場，自認是向付款人發出命令的地位，委託則含有情商的意味。在票據法的立法原意來說，有關票據轉讓的行爲，受讓人對滙票的「委託」性質，總覺得不如「命令」性質來得堅定。

由上述中美兩國票據法對匯票所下之定義看匯票之要件，大致相同，玆分別討論如下：

㈠匯票之當事人：計有「發票人」（Drawer），付款人（Drawee, or Payer），受款人（Payee）三造。此三造之當事人，可爲個人（自然人），亦可爲合夥，或公司法人。爲更求確切起見，都將三造當事人的住址，分別註明。如發票人係公司法人，須用公司正式印信，及指定的代表簽字人，均須有董事會議決爲根據。在該匯票用背書以轉讓他人時，則加背書，而放棄持有該匯票者稱爲「背書人」（Endorser），受讓人則爲「被背書人」（Endorsee），而取得該匯票之所有權。

㈡付款期限：匯票應有一定之付款日期，如見票卽付，或在一定之將來日期付款。見票付款（Pay on demand, or at sight）之匯票，稱爲「卽期匯票」。至於在一定之將來日期付款有兩種規定期限辦法：一爲見票後若干日付款（…Days after sight），一爲按發票日期後若干日付款（…Days after date）。上述期限，稱爲「匯票的期限」（Tenure or Usance of the Bill）。凡具有期限的匯票，謂之「遠期匯票」。收到遠期匯票後，均須提由付款人加以承兌（Accepted），承兌後之匯票，稱爲「承兌匯票」（Acceptance），後文當再詳細討論。

㈢匯票應用書面及經發票人簽章：我國票據法規定：須有「表明其爲匯票之文字」，美國法規定應「用書面」，足見匯票應用書面爲之，方才有效。匯票之開發，則必須經發票人簽章，始符合票據法的要件。發票人如係個人，經其簽章便可，不致有若何問題。但發票人如係公司法人，則匯票上之簽章，應注意其是否有效。銀行在接受公司匯票貼現或據以墊款之前，例須查詢確定該項印鑑，是否經過該公司董事會通過有案，以免嗣後發生匯票對公司束縛力問題。

㈣匯票金額：匯票必須載明一定之金額，各國票據法均同一規定。匯票金額所以要確定，而不能有伸縮性，在於免除日後發生無謂的糾紛。因此，如在金額後面附加"Plus collection-charges"或"Plus interest"等詞句時，匯票金額卽無法確定。因而違背「一定之金額」之規定，而使匯票喪失效力。惟確有加入利息及各種費用的必要時，事先卽應與對方洽妥確定金額，在發票上詳細列出，然後才可加入票額之內。

㈤匯票爲無條件支付之命令：匯票是支付命令，並非支付請求。我國票據法規定，匯票爲無

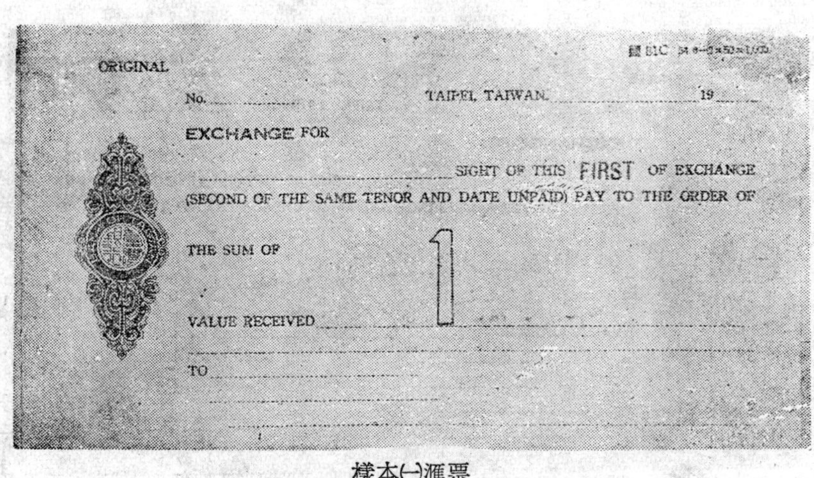

ORIGINAL

No. ....　TAIPEI, TAIWAN .... 19 ......

EXCHANGE FOR

.... SIGHT OF THIS FIRST OF EXCHANGE

(SECOND OF THE SAME TENOR AND DATE UNPAID) PAY TO THE ORDER OF

THE SUM OF

1

VALUE RECEIVED ....

TO ....

樣本㈠滙票

條件支付之委託，美國法之用命令（Unconditional order），文義雖略有不同，立法精神則是一致。因兩者均强調滙票不應附有條件。滙票如附有條件，第三者必須事先確知所附條件是否確已履行，才敢放心承受該項滙票。因滙票爲具有高度轉讓性之票據，如在滙票上用「Please pay to……」之不確定性語氣，或在某種條件下始行付款之字樣，則無人願意承受此項滙票之轉讓。因此，切忌在滙票上任意添詞加句，令人視爲附有條件。

二、滙票的格式

在國際貿易中，滙票格式均採用英文，故我國各銀行所採用有關國際貿易之滙票，亦用英文格式，茲舉臺灣銀行的滙票爲例，其格式見樣本㈠、㈡。

樣本㈠爲滙票正張，稱爲「First of Exchange」，樣本㈡爲滙票副張，稱爲「Second of Exchange」，

圖 81C 54.5—2×50×1,000

DUPLICATE

No. .... TAIPEI, TAIWAN. .... 19 ....

EXCHANGE FOR

.... SIGHT OF THIS SECOND OF EXCHANGE

(FIRST OF THE SAME TENOR AND DATE UNPAID) PAY TO THE ORDER OF

THE SUM OF

2

VALUE RECEIVED ....

....

TO ....

....

....

樣本㈡滙票

No. R00000

Bank of Taiwan

TAIWAN, CHINA

AMOUNT

TAIPEI

ON DEMAND PAY AGAINST THIS SOLA DRAFT

TO

THE SUM OF

SOLA

SPECIMEN

FOR BANK OF TAIWAN

FOREIGN DEPARTMENT

AUTHORIZED SIGNATURE

樣本㈢滙票

在每張上，均有簡短之註明（如括弧內文字），大意說倘另張未付則本張可付，目的在避免一款兩付。同時，因恐滙票郵寄遺失，故有時製備正副本各一，分兩次郵寄，均有取款效力。如不採正副本辦法，則須將「First of Exchange」及括弧內文字取銷，而另印「Sola」一字。銀行所發卽期滙票，多爲單本而無副本，其格式見樣本㈢。

三、滙票的種類

由國際貿易所發生之滙票，因買賣雙方及買滙銀行間，可能另有約定，以致滙票有各種分類，玆分述如次：

㈠按是否附有可轉讓單據分類：

1. 光票（Clean Bills of Exchange）：卽滙票寄給付款人承兌或付款時，不附以任何可轉讓之單據，例如提單（Bill of Lading）、倉單（Warehouse Receipts）、股票（Stock Certificates）、債券（Bonds）等。如所附單據並非確爲該滙票的附件，及用來保障持票人時，則不論該項附據究有多少，仍屬「光票」性質。

2. 跟單滙票（Documentary Bills of Exchange）：亦稱「押滙滙票」。卽謂滙票寄給付款人承兌或付款時，所有上述貨運單據均爲滙票之附件。

㈡按單據交付之條件分類：

1.現付押滙滙票（Documents Against Payment Bills 簡稱 D/P）：亦可譯爲「付款後交付單據之滙票」。卽須在付款人將滙票金額付清後，始能將隨附滙票之貨運單據交與付款人，以便提貨。在貨物運輸期間，一直在到達後，付款人未付款取得貨運單據以前，貨物所有權（Title），仍屬於售貨人。在付款人贖取（Retire）滙票後，始可取得貨運單據，辦理提貨手續。

2.承兌押滙滙票（Documents Against Acceptance Bills 簡稱 D/A）：亦可譯爲「承兌後交付單據之滙票」。此種辦法與前項現付押滙滙票不同之處，爲貨物運到後，由付款人在滙票上簽章註明「承兌」（Accepted），卽可取得貨運單據，辦理提貨手續。但滙票則仍由發票人之指定人保存，至期滿日向承兌人收款。此類滙票當然不是卽期滙票，而係遠期滙票。

㈢按滙票期限分類：

1.卽期滙票（Sight Draft, or Sight Bill, or Demand Draft 簡稱 D/D）：凡滙票於提示（Presentation）或見票（At sight）時，卽須付款者，名爲「卽期滙票」。前述之D/P，當然是卽期滙票，光票也多屬此類範疇。

2.遠期滙票（Time or Usance Bills）：凡滙票在固定或一定之將來日期付款者，名爲

「遠期滙票」。所謂固定之將來日期，如滙票之發票日爲五十四年六月五日，到期日爲同年九月二十八日，此一期間，卽爲固定將來日期。至於在一定之將來日期付款，則有兩種方式：一爲見票後若干日付款，而另一方式，則爲發票後若干日付款。上述承兌押滙滙票，自屬遠期滙票，而光票亦可能爲遠期滙票，遠期滙票經付款人承兌後，則該滙票便成爲承兌滙票（Acceptance）而付款人便稱爲承兌人（Acceptor）。由商號承兌者，稱爲「商業承兌滙票」（Commercial Acceptance），由銀行承兌者，稱爲「銀行承兌滙票」（Banker's Acceptance）。

第二節　滙票的背書與追索權

一、滙票的背書

匯票爲可轉讓之票據，其轉讓係以背書（Endorsement）爲之，背書的方式約有下列各種方式：

(一)空白背書(Blank Endorsement)：亦稱不記名背書，卽背書人（Endorser）僅在匯票背面簽章，但並不指定付予何人。滙票經過空白背書後，便成爲來人滙票，卽以持票人（Bearer）爲收款人。如持票人欲指定將款付予其本人，祇須在空白背書上面，寫上"Pay to the order of"

字樣，並在 of 一字後面，寫上自己之名稱便可。例如空白背書爲

H. C. Ho（何君空白背書）

而持票人爲 C. C. Liang。梁君如欲指定其本人爲收款人，祇須在何君背書上面，加上左列字樣便可：

Pay to the order of C. C. Liang（用筆寫或用打字機打均可）

H. C. Ho（原爲何君空白背書）

(丁)特別背書（Special Endorsement）：亦稱記名背書，卽背書人除在滙票背面簽章外，並記名票款應照被背書人（Endorsee）之指示（Order）而支付，如

Pay to the order of Patrick Chen（用筆寫或用打字機打均可）

H. C. Ho（親筆簽署）

上面例中，H. C. Ho 是背書人，Patrick Chen 是被背書人。在前示空白背書例中，持票人 C. C. Liang 在 H. C. Ho 空白背書，加上 Pay to the order of C. C. Liang 字樣，卽是將空白背書改爲特別背書。所有特別背書滙票之取款，必須經過被背書人之再背書，如

Pay to the order of Patrick Chen

H. C. Ho

Patrick Chen

如果被背書人不欲自己兌取票款而將滙票讓予他人時，除親筆背書外，並記明票款應照被背書人（即滙票讓受人）之指示(Order)而支付，例如 Patrick Chen 將滙票讓予Paul Lee時，其背書則如左

Pay to the order of Patrick Chen

H. C. Ho

Pay to the order of Paul Lee

Patrick Chen

如果 Paul Lee 再將滙票讓予他人時，其所作背書之格式，與 Patrick Chen 所作者相同。此種連續之背書，旨在滙票萬一發生拒付時，得以逐一追索，或不愼遺失時，獲得者無法取款，或讓予他人；倘若假冒被背書人之簽字取款或再度轉讓，則將犯僞造罪。

㈢限制性背書（Restrictive Endorsement）：背書可含有限制性。其原因如下：

1. 背書人因要限制滙票之再度轉讓而作成之背書，例如Pay to Patrick Chen Only。
2. 背書人因欲表明被書人爲其代理人，例如 Pay to Patrick Chen for Collection。
3. 背書人因欲表明款付某乙收某丙帳，例如 Pay to Patrick Chen for Account of

Ronald Ho。

基於上述諸種原因所作成之背書，而使滙票不得再度轉讓，或指定被背書人爲執行某種處理該滙票之任務，所以稱爲限制性背書。質言之，特別背書與限制背書之分別，僅在 Pay to 二字之後及被背書人之前，有無 the order of 之字樣而已。一張經過限制背書之滙票，並非絕對不能轉讓，惟滙票旣經限制背書，已非復流通票據，故讓受人在滙票上所處之地位，與讓予人所處者並無稍異，卽與被限制背書人（Restrictive Endorsee）所處者相同，此則不可不知。

(四)不擔保背書（Qualified Endorsement）：亦稱修改性背書，背書人依法應有被追索之責任。倘若背書人不願負此責任，可於匯票背書時，加上"Without Recourse"字樣，如滙票不獲兌付時，被不擔保背書人（Qualifiied Endorsee）不得向不擔保背書人（Qualified Endorser）追索。例如 Pay to the order of C. C. Liang Without Recourse。惟在其以前之背書人並無此項聲明者，仍將負被追索之責任。雖因某一背書人之不擔保背書，而使滙票以後之轉讓性大爲減低，但因其並未聲明不被追索，故買入不擔保背書者，仍不在少數。

二、滙票的追索權

滙票之「付款人」如拒絕付款（卽期滙票），或拒絕承兌（遠期滙票），「發票人」自須向「付款人」追索，而最後受讓之「持票人」則可向「發票人」追索，亦可向以前之「空白背書」或「

特別背書」之「背書人」追索，所有「背書人」又可向以前之「背書人」及「發票人」追索。但如遠期滙票已由「付款人」承兌，則「持票人」及「背書人」亦均可向「付款人」追索，此之謂滙票的追索權。

有關滙票追索權問題，有一種特定手續，即在「付款人」拒絕付款，或拒絕承兌時，依法應立卽委託「公證人」（Notary Public）作成「抗議書」（Certificate of Protest），我國票據法稱爲「拒絕證書」。

所謂「抗議書」，照美國法之定義，爲經「公證人」依照票據法之規定而出具之書面聲明，證明該項票據業於某日提請付款或承兌，而經付款人予以拒絕之事實。此項「抗議書」，如未經提出，則謂之「放棄抗議」（To waive Protest）。

作成及提出「抗議書」之一般手續如下：

㈠發票人或持有人，決定進行「抗議」時，即將被拒絕付款或承兌之滙票於當日交「公證人」，而由「公證人」將此滙票再度向「付款人」提示付款或承兌，如再遭拒絕，「公證人」卽可根據事實，作成紀錄。

㈡「公證人」依法於當日備函通知各有關當事人。

㈢「公證人」照「抗議書」格式塡妥，附於被拒絕付款或承兌之滙票後，送交委託人（發票入之銀行或執票人）。

「抗議書」的作用有二：

㈠藉以證明此滙票確已送交付款人請其付款或承兌，以免日後「付款人」否認曾經向其提示或有疏忽提示之情事。

㈡使所有當事人均立即獲知「付款人」有拒絕付款或承兌之事實。

發票人，最後持票人，或代表收款之銀行，均可委託「公證人」提出「抗議書」。但發票人應否附以「抗議」之指示，端賴其爲何種滙票而定。如爲「即期滙票」之拒付，或爲「遠期滙票」之拒絕承兌，則抗議並不能拘束「付款人」的程度。因即期滙票及未承兌之遠期滙票，均爲付款人尚未承認之債務。惟「遠期滙票」如經付款人承兌後，即爲付款人承認之債務。情形自不相同，發票人可依法申請假扣押付款人的財產。

對最後受讓滙票之被背書人（持有人）而言，「抗議」的作用，並不僅以「付款人」爲對象，而兼可以「發票人」及前手「背書人」爲對象，惟例均於拒絕付款及拒絕承兌時，提出抗議書，行使追索權。因依法如不「抗議」，則等於放棄向「發票人」及前手「背書人」追索之權。由背書而受讓滙票者，只有向前手背書人及發票人逐一追索未獲付款時，始向「付款人」追索。

第三章　商業信用證

滙票雖係便利國際貿易進行的基本信用工具之一，並能使買賣雙方所負風險減少，但因尚未介入「銀行信用」，對買賣雙方的保障，仍嫌不够，更重要的是，並未能解決國際貿易資金的積壓問題，已如前述。爲使介入「銀行信用」，以增加買賣雙方的保障及解決資金積壓問題，因而發展成商業信用證的辦法。

第一節　商業信用證的定義及其使用實例

一、商業信用證的定義

商業信用證（Commercial Letter of Credit）係購貨人（即國際貿易上之買方或進口商）之銀行，所開發之書面證書，授權售貨人（即國際貿易上之賣方或出口商）在特定條件及依照法定格式，得向該銀行或其指定銀行開發滙票。信用證內將列明，在何種條件及情形之下，該信用證之受益人得據以開發滙票，如與其規定完全相符，開證銀行保證予以兌付或承兌。

由上定義，商業信用證至少包括下列各關係人：

㈠購貨人（Buyer）：進口商或買方，即請求銀行開證者。

㈡開證銀行（Opening Bank）：給予請求開證者信用額度之銀行。

㈢付款銀行（Paying Bank）：信用證規定的滙票付款者。

㈣運貨人（Shipper）：即售貨人，出口商或稱受益人（Beneficiary）。

二、商業信用證使用實例

茲爲明瞭商業信用證的內容及其使用手續，最好應用實例來說明。

我們知道一個國家的進口即爲他國的出口，反之亦然。進口或出口一詞的用法，視交易雙方所佔的地位而異。

茲先討論進口商業信用證：

假定臺灣銀行顧客大通貿易行想要向美國 Wholesale Linen Co. 購買二百打襯衫。臺灣銀行並應大通貿易行的請求，經調查得 Wholesale Linen Co. 的信用狀況，係爲一極負聲譽的公司。

經雙方同意，付款的條件爲：由臺灣銀行開出不可撤銷信用證（Irrevocable Letter of Credit），金額爲美金一萬元，上述金額包含二百打襯衫的成本，與自紐約運至臺北的運費，海運保險費係由買方（大通貿易行）負擔。

大通貿易行在請求開發信用證之前，須先塡具申請書（Application），見樣本㈣。申請書

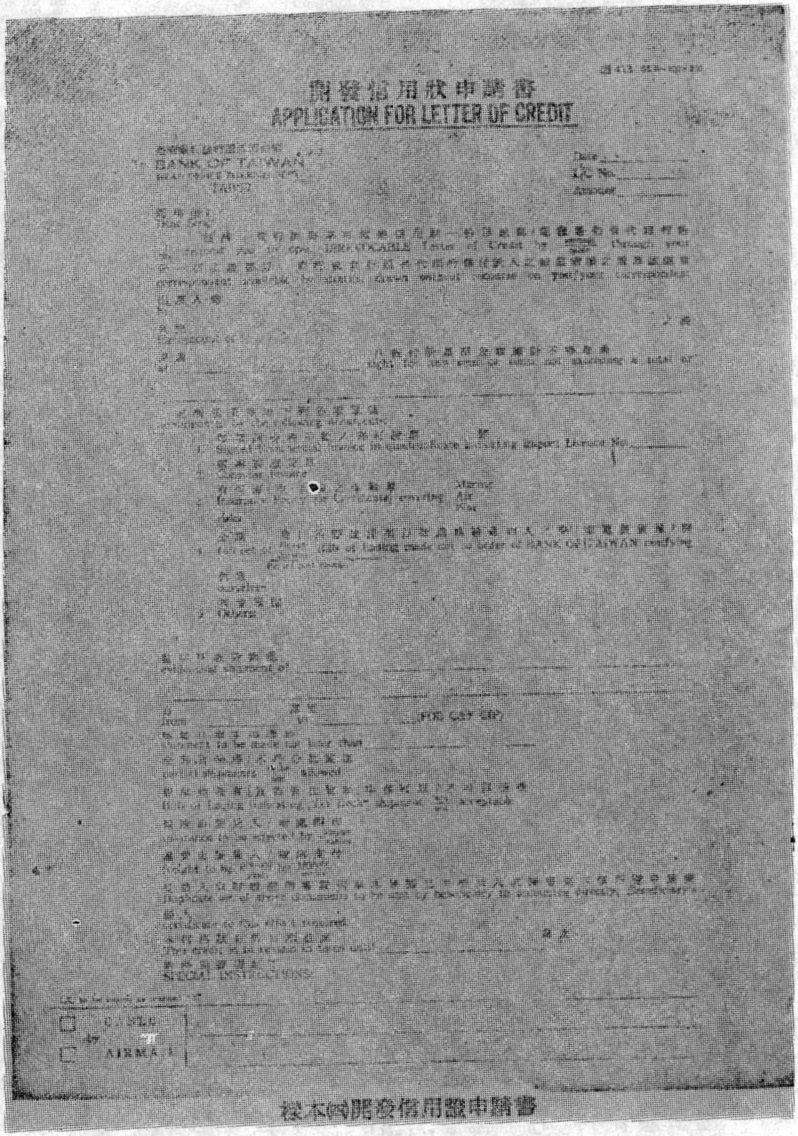

開發信用狀申請書
APPLICATION FOR LETTER OF CREDIT

BANK OF TAIWAN

Date
L/C No.
Amount

CABLE
AIRMAIL

樣本㈣開發信用證申請書

的內容，應根據銷貨契約（Contract of Sale）的重要事項加以敍明。至如貨品的內容、品質等細節，係在銷貨契約內規定，信用證內可不必詳列。蓋以信用證係融通國際貿易資金之信用工具，而非檢查交易內容是否合格所設之工具。申請書的背面爲大通貿易行與臺灣銀行雙方協議的條款。

當大通貿易行提出上項申請書時，臺灣銀行卽決定是否受理，如予受理，是否需要徵取適當擔保作爲開發信用證的保證。一般而言，開證銀行常有給予申請人以一定的信用額度（Line of Credit），本例假定臺灣銀行給予大通貿易行開發信用證的信用額度總額爲美金十萬元。

在此必須說明，開證銀行通常均向申請人徵取百分之一百，或百分之五十的擔保，或若干成數，胥視貨物的性質與顧客的信用狀況而定。當款項陸續付清時，徵取的擔保卽隨之比例減低。開發商業信用證銀行，一般均要求貨運單據的抬頭人必須是開證銀行，藉以增加保障，但亦有例外。本例臺灣銀行所開的信用證，假定是在大通貿易行的信用額度內，同時，貨運單據的抬頭人是臺灣銀行，則臺灣銀行基於上述申請書，卽可開出信用證，見樣本㈤。

由上舉例，歸納如下：Wholesale Linen Co. 是受益人，同時被授權得開發以臺灣銀行爲付款人的見票卽付滙票，惟該滙票必須隨附全套單據（Complete sets of specific documents）購貨人爲銀行的顧客大通貿易行。

[illegible]

臺灣銀行
BANK OF TAIWAN
HEAD OFFICE
FOREIGN DEPARTMENT
Taipei, Taiwan

[illegible]
TAIWANBANK

To

Date ______
L/C No. ______
Amount ______

Dear Sirs,
We open our Irrevocable Letter of Credit in favor of

for account of

to the extent of

available by draft(s) at ______ sight drawn on you accompanied by the following documents:
1. Signed Commercial Invoice in quadruplicate indicating our Import License No. [illegible] and showing accountee's full address
2. Consular Invoice
3. Insurance Policies or Certificates issued in negotiable form covering
4. Full set of Clean On Board Ocean Bills of Lading made out to order of Bank of Taiwan notify buyer marked "Freight prepaid" "Freight collect"
5. Our original Supplier's Certificate form attached duly filled in and signed
6. Others

evidencing shipment of

Shipment from　　　to　　　(　　) to be made not later than
Partial shipments are/are not allowed.
Bills of Lading indicating "On Deck" shipments are not acceptable.
Insurance to be effected by
Duplicate set of above documents to be sent by beneficiary to [illegible] certificate to this effect required.
Drafts must indicate that they are "drawn under Irrevocable Letter of Credit No. of Bank of Taiwan, Taipei, Taiwan," and the amount be endorsed on the L/C.
We hereby agree with the drawers, endorsers and bona fide holders of the drafts drawn under and in compliance with the terms of this credit that such drafts shall be honored on due presentation and delivery of documents as specified, if negotiated or presented at this office on or before
Unless otherwise expressly stated, this credit is subject to the Uniform Customs and Practice for Documentary Credits fixed by the International Chamber of Commerce [illegible] revision Brochure No. [illegible]
Please advise the beneficiaries without adding your confirmation.
Negotiations under this credit are restricted to your bank.
All banking charges outside Taiwan are for account of beneficiaries.

Yours faithfully,
For BANK OF TAIWAN

樣本㈤不可撤銷信用證

上述所討論的信用證如係可轉讓的，亦卽循迴的信用證（Circular Credit），則該信用證可轉讓給任何銀行。如 Wholesale Linen Co. 將滙票轉讓給銀行，以資週轉，而洽款銀行(Negotiating Bank）核對所有單據確與信用證所列者相符時，方才接受洽款。

假定 Wholesale Linen Co. 持該項信用證、滙票與所有單據到花旗銀行洽款，由於臺灣銀行的信用地位良好，是極願意接受洽款的。當卽依照規定滙率將美金結售給 Wholesale Linen Co.。隨將滙票與所有單據航寄臺灣銀行請求付款，臺灣銀行核對所有單據與信用證條件相符時，卽以航空郵信通知花旗銀行，在其帳上貸記一筆上述金額，而在大通貿易行帳上則借記一筆，隨將貨運單據背書交付大通貿易行以備提貨。

關於出口商業信用證，因一國之進口卽爲他國之出口，則前面所討論之進口商業信用證，反過來說，卽爲他國之出口商業信用證，如本國出口商接受他國進口商之訂貨，則其程序適與進口商業信用證相反，玆不再贅。

第二節　商業信用證的類別

商業信用證的類別，很難明確劃分。玆按介入交易的各銀行所負責任之程度及對買賣雙方之便利或限制爲標準，說明如下：

一、「可撤銷信用證」（Revocable Letter of Credit）及「不可撤銷信用證」（Irrevocable Letter of Credit）：前者係指「開證銀行」（Issuing Bank 或 Opening Bank）得隨時通知售貨人（由通知銀行轉達或直接通知），對所開信用證予以撤銷。但售貨人所開匯票業經洽款銀行兌付或承兌之後，則不得再予撤銷。因此項可撤銷信用證對售貨人之付款保證，並不充份，故目前甚少為人所用。

「不可撤銷信用證」係指非經受益人同意，不得由「開證銀行」單方面修改或撤銷。惟受益人（即售貨人）將匯票與所有單據向洽款銀行兌付時，雖所有單據與信用證所列條件均屬相符，但洽款銀行並無一定要付款之義務。此則不可不知。

二、「確認之不可撤銷信用證」（Confirmed Irrevocable Letter of Credit）：上述「可撤銷信用證」，對售貨人言，可謂毫無保障。而「不可撤銷信用證」，目前雖為國際貿易上所應用，惟其付款責任，仍在開證銀行。但有時開證銀行之信用，並不為售貨人所熟知，或其經營能力較差，售貨人不甚放心。因而售貨人為加強其保障，乃要求開證銀行另覓其他信用卓著之銀行，對該項信用證予以確認，亦即開證銀行不能兌付或承兌時，「確認」銀行應負兌付或承兌之全責。「不可撤銷信用證」，經其他銀行「確認後」，即為「確認之不可撤銷信用證」。「確認銀行」得為「開證銀行」所在地之銀行，亦得為受益人所在地之銀行，普通多為「開證銀行」之聯行。「確認之不可撤銷信用證」與「不可撤銷信用證」之區別在於「確認之不可撤銷信用證」內有下列一段話，英文爲：

"The above mentioned correspondent engages with you that all drafts drawn under and in compliance with the terms of this credit will be duly honored. At the request of our correspondent we confirm their credit and also engage with you that all drafts drawn under and in compliance with the terms of this credit will be duly honored"

上述英文，如譯成中文，其大意爲：「上述聯行保證，如閣下依據信用證並符合該證條款所開具之滙票，允予兌付。本行並應聯行請求確認該項信用證，茲特同時保證，如閣下依據信用證並符合該證條款所開具之滙票，允予兌付」。

易言之，除開證銀行應負付款責任外，確認銀行亦有付款責任，售貨人之保障，自可增强。惟確認銀行因有付款責任，通常均向開證銀行收取一些手續費。

三、「直接信用證」(Straight Credit)及「轉洽信用證」(Negotiation Credit)：凡「開證銀行」指定受益人所在國家之銀行爲「通知銀行」兼爲「付款銀行」，並用收益人國家貨幣爲支付工具者，稱爲「直接信用證」。反之，如由「開證銀行」自任「付款銀行」，且用開證銀行國家之貨幣；或另指定「開證銀行」及受益人國家以外之其他國家之銀行爲「付款人」，及用該國貨幣爲支付工具者，稱爲「轉洽信用證」，除開證銀行自任付款銀行必因其貨幣已爲國際貿易樂於接受者外，其以第三國銀行爲付款銀行，及用該國貨幣者，或係因售貨人之偏好某國貨幣；或係因購貨人國家幣値之不穩定，而售貨人國家貨幣亦不爲國際貿易所採用，故用第三國貨幣爲支付工具。由此定義，開證銀行並非一定是付款銀行，則對滙票並無非付款不可之義務，但經承兌，依法卽負有付款責任。故售貨人常要求「轉洽信用證」應由「付款銀行」加以「確認」，以增加其保障。

四、「循迴信用證」（Circular Credit）：一般信用證多係由「開證銀行」指定其在受益人國家之聯行通知受益人，但若信譽極爲卓著之銀行，其所開發之信用證（必須爲不可撤銷者）亦可直接逕寄受益人，並以「開證銀行」自任「付款銀行」者，此種信用證稱爲「循迴信用證」。但此銀行必須與受益人國家若干銀行有聯行關係，常在信用證背面附有聯行名單，俾供受益人前往核對印鑑，並作爲洽款之參考，但非以聯行爲限。

美國第一流的大銀行所開出之循迴信用證，常另加所謂「紅色條款」，（Red Clause），因此條款係用紅色油墨印在信用證內故名。該條款大意卽謂開證銀行准許墊款與受益人以充購貨備運之用。用此條款者，多因受益人卽爲購貨人之國外代表或代理人。

五、「重複週轉信用證」(Revolving Credit)，「按時限額信用證」(Periodic Credit)，暨「遞加(或不遞加)信用證」(Cumulative or Non-Cumulative Credit)：普通一般信用證之開發，多係每一筆交易開一信用證，但亦有因購貨人經常按期分批進貨，而另一方面，「開證銀行」不願將全年進貨額一次開出信用證，以免未用額保留太多，另一方面購貨人又不願每月開發信用證一次，蓋嫌其手續太繁，則可用「重複週轉信用證」的辦法。亦即「開證銀行」先與購貨人洽妥全年總額度，及每次有效額度，第一次按有效額度開出信用證後，俟此筆交易完成，「開證銀行」向購貨人取得貨款，即通知聯行恢復原來有效額度，如此週而復始，直至總額度用完爲止。如「重複週轉信用證」係規定每次期限者(例如每月開發一次)，則稱爲「按時限額信用證」。又按每次未用完之金額，是否可遞加於以後各次額度，則又分爲「遞加信用證」及「不遞加信用證」。

此外，尙有一種「委託購買證」(Authority to Purchase)，此即爲銀行循進口商之要求，開致該行出口地聯行，委託其依一定條件購買指定出口商所開滙票之一種證書，其作用與商業信用證相同，惟性質稍異，乃一種變相之商業信用證，於遠東各地甚爲通行，簡寫作A/P。委託購買證與商業信用證之區別，大致如下：

一、在形式上言，商業信用證大抵爲開證銀行開給出口商之函件，而委託購買證則爲開證銀行開致其聯行轉知該出口商之證書。

二、在銀行立場言，開發商業信用證時，開證銀行僅貸信用，並不墊付現款，但委託購買證，既係開證銀行委託其在出口地之聯行代購出口商之滙票，必須在該受託銀行先有存款，如無存款而請其墊付，則須提供相當之擔保品。

三、就滙票本身言，委託購買證項下之滙票，係以進口商爲付款人，乃屬商業滙票，該項滙票祇能售與通知銀行，而商業信用證項下之滙票，則係以銀行爲付款人，乃屬銀行滙票，該項滙票經銀行承兌後卽可流通市面，可持向任何銀行請求貼現。

委託購買證所以盛行遠東各地，係因遠東各銀行之信用地位，在國際金融市場中較爲遜色，其所開出之商業信用證項下出口商之滙票，歐美銀行承兌時，常費考慮，爲補救此項缺點，遠東各地銀行遂以電報或信件授權國外代理行代其購買出口商之滙票，此亦卽委託購買證之來由。

第三節　商業信用證的關係人

綜上所舉實例，及前節歸納分類，商業信用證各關係人之責任簡述如下：

一、購貨人（Buyer）：應用商業信用證方法，係由開證銀行或其聯行擔任滙票之「付款人（Drawee or payer）。故購貨人僅對開證銀行直接負責。依購貨人之信用可靠程度，在購貨人申請開發信用證時，開證銀行憑以決定繳存若干保證金（Margin），並訂定契約，規定購貨人對開證銀行所負的各項責任。如貨運單據業經寄到，購貨人憑「信託收據」（Trust Receipt）贖取者，尚須負「信託收據」所規定各項責任。

二、售貨人(Seller)：售貨人即爲信用證之受益人（Beneficiary），售貨人一經依照信用證所規定條件將貨物交運後，即有權開發滙票向「付款銀行」提示承兌或要求付款。但受益人以滙票之發票人（Drawer）地位，仍須負滙票發票人之責任，已如前述。（詳見前文「滙票之追索權」）

三、開證銀行（Opening Bank or Issuing Bank）：信用證以開證銀行擔任滙票之「付款人」者，如循迴信用證或轉洽信用證，應負兌付或承兌之責任，自不待言。至聯行不可撤銷信用證，雖係以發證銀行之國外聯行擔任「付款銀行」，但聯行在通知時，係聲明僅代表開證銀行通知，而非其本身承擔，通常聯行在信用證上均註明有 Convey no engagement on us 一句，故最後兌付票款仍爲開證銀行之責任，而「付款銀行」最後仍將向開證銀行收取。

四、付款銀行（Paying Bank）：「付款銀行」通常係爲開證銀行所指定之國外聯行，滙票如爲遠期滙票，付款銀行予以承兌後，則負有票據法上有關承兌人之責任，而正式成爲其本身之債務。

五、通知銀行（Notifying Bank or Advising Bank）：開證銀行所開出之信用證，可交購貨人逕寄售貨人，並同時由開證銀行通知其國外聯行通知售貨人。此國外聯行僅擔任「通知」責任，並不負兌付或承兌滙票之責任。

六、洽款銀行（Negotiating Bank）：爲承購售貨人依據信用證所開滙票之銀行。如通知銀行與售貨人有經常往來關係，則通知銀行可能即爲洽款銀行。洽款銀行與通知銀行之地位不同，因一經購入滙票，便成爲滙票之持有人，對開證銀行、付款銀行及滙票發票人均有追索權。故須負擔若干風險，如再度轉讓時，須經背書而對以後持有人，負有被追索的責任。

七、確認銀行（Confirming Bank）：普通不可撤銷之信用證，其付款銀行在通知受益人時，附有 Conveys no engagement on our part 一語，故仍由開證銀行負責，但如由另一銀行予以「確認」後，則確認銀行須負付款之完全責任。

第四節　商業信用證對買賣雙方之資金融通

商業信用證給予買方之資金融通，通常係使用「信託收據」（Trust Receipt）方式。由開證銀行將有關提貨單加以背書後交與購貨人提貨，相對的由購貨人出具一紙「信託收據」交開證銀行收執，俟貨物賣出後，始由購貨人將款項交還。以「信託收據」方式給予購貨人資金上之融通，銀行是有風險的。因此，銀行對購貨人之信用估評，當然要比承做質押放款審慎。

至於商業信用證對於賣方，亦即受益人的資金融通，係透過所謂商業信用證的「轉讓」辦理。根據國際商會「商業押滙信用證統一慣例與實務」（Uniform Customs and Practice for Commercial Documentary Credits）第四九條規定，如開證銀行在信用證內載明，則受益人可將該信用證予以轉讓其他供應商（但只能轉讓一次），此爲信用證之轉讓（Assignment or Transfer）信用證所以要轉讓，係因有時出口商可能並非爲所出口貨品之製造商，故如信用證得以轉讓，則出口商可毋須備款購貨，換言之，即得到資金上的融通。信用證之轉讓，一般約有下列數種方式：

一、原發票之轉讓（Without Substitution of Invoice）：此種方式係購貨人已悉售貨人爲中間商，因而同意售貨人將信用證轉讓予供應商，並由供應商開發滙票，惟供應商之原發票應作爲貨運單據之一，另予售貨人一定之佣金。

二、更換發票之轉讓（Substitution of Invoice）：此種方式係售貨人不願購貨人知其係中間商身份，故將信用證轉讓與供應商後，於出口時另將供應商之發票更換爲自己之發票。此外，於轉讓與供應商時，在信用證金額內保留一部份作爲自己之佣金收入。

三、轉開信用證（Back to Back Letter of Credit）：此種方式轉讓，係售貨人根據國外購貨人所開來之信用證，申請本國銀行另開一國內信用證（Domestic Letter of Credit）與供應商，後者金額係爲前者金額中減除售貨人佣金之餘額。此種信用證亦稱爲「次信用證」（Secondary Credit）。

四、本金的轉讓（Assignment of Proceeds）：此種方式並非整個交易的轉讓，而係受益人承諾根據信用證所開滙票之全部或一部本金，轉讓與受讓人。此種轉讓只是轉移「權利」而不包括貨物交船及其他有關義務，亦即轉讓人如不能履行信用證規定條款時，受讓人對所轉讓之一部或全部本金並無必須付款之義務。

第四章　貨運單據

國際間的貿易，無論是透過銀行信用來完成交易，或購貨人與售貨人直接交付貨款，均有貨物作爲交易之標的物。而交易的順利完成，須賴貨物之交運。又因遠途運送，包括有保險及兩國法令所規定必須之單據文件，故這些單據文件的內容，及其處理程序，經營國際貿易的人，一定要知道。前討論滙票的類別，如按是否附有可轉讓單據分類，可分爲光票及跟單滙票，所謂跟單滙票，即指滙票附有貨運單據而言。又通常開發商業信用證銀行，大都均要求貨運單據的抬頭人必須是開證銀行，藉以增加保障。由上所述，貨運單據在國際貿易實務中，不容忽視，且應對之有深澈之瞭解。玆先討論與貨運有關的最基本的憑證——貨運提單。

第一節　貨運提單（Bill of Lading）

貨運提單係由運送人（主要的是鐵路、輪船公司及運輸公司）發給交運人關於所交運之財產由一地運送至另一地的憑證。簡言之，即運送人收到貨物交運時，給予交運人的一種單據。使用貨運提單的目的有三：

一、作爲收據　等於運送人出給交運人收到所託運之動產的書面收據。

二、作爲契約　是運送人與交運人間之契約，規定動產運至何地及運交何人。

三、權利憑證（Document of Title）　持有人可享有證上所載動產之權利，因此提單可作爲質借款項的擔保品。

由此可見貨運提單亦有三造關係人，即「託運人」(Shipper)，「運送人」(Carrier)，及提單上所指定的收貨人（Consignee）。「託運人」因處在「收貨人」的對面地面，故英文亦稱爲「Consignor」。上述三造關係人的責任，及貨運提單的內容如何，逐步討論如次。

依據美國紐約州法院對「運送人」之定義是：「凡招攬運送旅客或物品自一地至另一地並以之爲常業而收取費用之人（包括自然人、合夥或公司）謂之運送人」。如託運人依照規章委託運貨物，運送人照例不得拒絕，且對於所有託運人均同一待遇，不得拒甲而受乙，有所歧視。我國法律對於運送人之定義，載於民法六百二十二條：「稱運送人者，謂以運送物品或旅客爲營業，而受運費之人」。

各國法律對於運送人所負之責任，均有明文規定。以美國的鐵路及卡車貨運公司爲例，在物品儲藏待運之期間，兼負保險人的義務。此在美國並不算過份苛求，因其所收運費相當高昂，已足包括保費在內。惟貨物之損失，係屬於不可知或不可抗拒災禍之結果，如地震山崩等，或由於裝貨人自已之疏失，如包裝不善等，則例不任其咎。此外，由於貨物本身自然之結果，如蒸發、發酵等，運送人亦概不負責。

美國的其他運送人如航空公司及載重汽車運輸公司等，有時也不兼做保險業務。此時，託運人可以在運費之外另付保險費，卽可列入運送人所投保的保險單內；或由託運人自行投保。

對於輪船公司，因其從不兼任保險人，而法律僅規定輪船公司須用能航海洋之船隻，並配以適當之設備與管理而已，故託運人如爲貨物安全計，必須自已向保險公司投保。至於輪船公司要兼營保險業務，並無不可，惟運費因而提高，對託運人而言，並無好處，但對一般保險公司，則有與彼爭利之嫌。

依美國法律，運送人不得以契約免除他自己或他的代理人的疏忽責任。換言之，運送人不得在提單上載有條款，而使託運人或持有人不能對其疏忽責任，提出損害賠償之要求。卽使運送人在提單上載有利於他自已的條款，用以減輕由其過失所引起之責任，於法仍視爲無效。故一般人很少細讀提單上所印的條款，其故在此。法律對運送人承運貨物之不能疏失，加以相當約束，惟對於其應得之運費同時給予相當保障。假如運費未付，運送人對於所運送之貨物，不僅有留置權（Lien），而且這項留置權，比其他對貨物所作要求或主張爲優先。簡言之，如運費未經受償，任何提單持有人，不得對貨運提單上所載物品，要求提取。

提單之簽發，有僅由運送人掣給正本一份，亦有掣給正副本共兩份以上的。鐵路提單通常爲

招商局輪船股份有限公司

China Merchants Steam Navigation Co., Ltd.

HEAD OFFICE

48 Chungking Road, S-1, Taipei, Taiwan, China

BILL OF LADING

RECEIVED from the shipper, the goods or packages said to contain goods herein mentioned, in apparent good order and condition, except as otherwise indicated herein, to be transported to the port of discharge named herein and/or such other port or place as authorized or permitted hereby, or so near thereunto as the ship can get, lie and leave always in safety and afloat under all conditions of tide, water and weather, and there to be delivered to consignee or on-carrier on payment of all charges due thereon.

The receipt, custody, carriage, delivery and transshipping of the goods are subject to the terms appearing on the face and back hereof, which shall govern the relations, whatsoever they may be, between shipper, consignee, carrier and ship in every contingency, wheresoever and whensoever occurring and whether the carrier be acting as such or as bailee, and also in the event of, or during deviation, or of conversion of the goods. The terms hereof shall not be deemed waived by the carrier except by written waiver, signed by a duly authorized agent of the carrier.

The descriptive words or titles preceding each numbered clause of this bill of lading are inserted for convenience and identification only and are not part of nor in any way qualify the terms of this bill of lading.

SHIP "HAI TAI" VOY. ______ PORT OF LOADING Osaka, Japan

PORT OF DISCHARGE FROM SHIP (Where the goods are to be delivered to consignee or on-carrier) Chilung — DESTINATION OF GOODS (If goods are to be transshipped at the port of discharge from ship) ______

SHIPPER Iwatani & Co., Ltd.

CONSIGNED TO: to order of Bank of Taiwan.

ADDRESS ARRIVAL NOTICE TO: Yu Tai Industrial Corp., 64, Hengyang Rd., Taipei.

PARTICULARS FURNISHED BY SHIPPER OF GOODS

MARKS AND NOS.	NO. OF PKGS.	DESCRIPTION OF PACKAGES AND GOODS	WEIGHT	CU. FT.	RATE	FREIGHT & CHARGES
Y T (in diamond) CHILUNG C/No.1-60 MADE IN JAPAN	60 wooden cases	LP-Gas Regulators Say: Sixty (60) wooden cases only.- "FREIGHT COLLECT"	4,575 Kgs	385'-0"	@$11.00 per 40'	US$105.88

NON-NEGOTIABLE

(RATES, WEIGHT AND/OR MEASUREMENTS SUBJECT TO CORRECTION) FREIGHT & CHARGES PAYABLE AT Destination

26. SUPERSEDING CLAUSE — All agreements or freight engagements for the shipment of the goods are superseded by this bill of lading if required by the carrier, a signed bill of lading, duly endorsed must be surrendered to the carrier on delivery of the goods.

IN WITNESS WHEREOF, the master or agent of the said vessel has signed Three (3) Bills of Lading, all of the same tenor and date, one of which being accomplished, the others are void.

Issued at Osaka, Japan this ______ day of OCT 19 1963 19____

This is a SHIPPED ON BOARD bill of lading when validated

DATE LOADED.

SIGNATURE

China Merchants Steam Navigation Co., Ltd.,

Per______ For Master

B/L No. 0-49

正本一份，海運提單則爲一套三份。三份中任何一份均屬有效。如其中任何一份，已用作提貨，其餘二份，即爲無效。故在提單的末端常有「In Witness whereof 3（three）bills of lading have been signed, one of which being accomplished, the others to stand void」等類詞句，海運提單所以要一套三份，其用意在於便利託運人或銀行，俾可連同滙票分兩次付郵，如一張遺失或誤郵，尚有一張可用，不致影響貨物之提取，貨運提單的標準格式，見樣本㈥。

貨運提單，視分類標準不同，可有多種分類，茲分述如次：

一、按貨運提單能否流通轉讓分類：

㈠能轉讓提單（Negotiable Bill of Lading）：即在貨運提單上載有："Consigned to the order of……"等字樣之抬頭。而"to the order"後面，如寫上特定人時，則其轉讓需經該特定人背書後始爲有效。而此特定人可能爲託運人（Shipper），購貨人（Buyer），洽款或託收銀行（Negotiating or Collecting Bank），或託運人的代理人（Shipper's Agent），如未寫上特定人，而以"Notify……"字樣表示時，則運送人應於貨物到達目的時，通知該"Notify party"，如收貨人或貨物關係人，以免因延遲提貨而遭受罰款或增加倉租等損失。

上述能轉讓提單，銀行通常均視爲良好之擔保品，惟其良好的程度則視提單上所載之人爲何人。如爲託運人(Shipper)、洽款銀行(Negotiating Bank)，則銀行均樂意收受並以之爲貸款之良好押品。但如爲購貨人（Buyer），託運人之代理商(Shipper's Agent）等，則因必需經彼等背書後始能轉讓，換言之，貨物所有權爲彼等所控制，銀行於承做以此類提單爲質之放款時，較爲審愼，或不予受理，以免影響債權的確保。

(二)不能轉讓提單（Non-Negotiable Bill of Lading or Straight Bill of Lading）或稱爲直接提單。此種提單在陸運上較爲常見，但在海運上則較罕覯。此類提單上，不用"Order"一字，而係直接指定收貨人爲誰。因此，託運人對於託運之貨物均已失去控制。而託運人仍要採用不能轉讓提單之原因，不外是，貨物係運往分支機構無須加以控制，或買主已付淸貨款，或係因購貨人所在地政府之規定等。

不能轉讓提單卽係直接指定收貨人爲誰，然則那些人可被指定？通常是購貨人、外國報關行(Foreign Customs House Broker)、託運人的國外代理人(The Shipper's Foreign Agents)、洽款或託收銀行，而託運人亦可指定自己爲收貨人。不論提單上所載之收貨人除託運人自己外，爲上述之任何一人，託運人對於所託運之貨物均已失去控制，兼以此類提單不能轉讓，故均非爲銀行承做貸款之良好抵押品。

由上所述，不能轉讓提單卽有種種不便之處，因此，在國際貿易上均儘可能使用能轉讓提單，因其具有流通性。

二、按貨運提單所表示貨物所處位置分類

(一)裝船提單（On Board Bill of Lading）：係指此項提單上載明貨物業已裝上載運此批貨物之輪船上，而非放置在碼頭待運。一般來說，貨物既已裝船，即不得再搬回碼頭。惟在戰爭緊急狀態之下，政府得令所有已裝船之貨物搬回碼頭，改運戰爭物品，此係例外情形。裝船提單因係表示貨物業已搬入指定之船隻上，故託運人及其他關係人均較樂意使用。

(二)備運提單（Received-for-Shipment Bill of Lading）：運送人發給備運提單，或係因貨運壅塞，班期失常，或係因戰爭緊急狀態等原因。備運提單上蓋有（Received for Shipment）字樣。但其備運情形，有下列三種：

1.僅載備運（Received for Shipment）而不指定由那一艘輪船裝運。

2.載明「備運某某號輪船或次班輪」（Received for Shipment by Steamer X. and/or Following Steamers）。

3.指定「備運某某號輪船」(Received for Shipment by Steamer X.)。

由上所述，不論採用何種方式，備運提單總較裝船提單來得不確定與遲緩。如以提單向銀行融通資金，備運提單亦不如裝船提單之受歡迎。

備運提單由運送人簽發後之一兩日，如貨物即被搬裝於輪船時，託運人可請求運送人於備運

提單上加蓋「On Board SS X」字樣，藉以證明貨物已裝載某某號輪船上。經過運送人如此背書之備運提單，卽稱爲「已裝船背書」(The On Board Endorsement)，其效果一如裝船提單。

貨運提單除上述能轉讓與不能轉讓，裝船與備運外，尙有一種聯運提單，併述如下：

聯運提單（The Through Bill of Lading）：係指運送人除自己運送外，尙須假手其他運送人接運，始能達到目的地。除運送人簽發之提單外，接運人例不再發提單。如貨物因輪船之過失遭受損害，接運人同負連帶責任。接運之船名，有時載在提單，有時並不載在提單。如不載提單上時，則僅寫由某某口岸轉運，如由「香港轉運」（Via Hongkong or trans-shipment Hongkong）是。

第二節　其他貨運單據

前述貨運提單雖爲貨運單據的基本憑證，但應附屬於滙票的文件單據，尙有商業發票、海運保險單、出口押滙授權書，領事簽證書，產地證明書等多項，玆分別論述如次：

一、商業發票（Commercial Invoice）：係指售貨人根據商業信用證條款及買賣契約之規定，而開給購貨人有關交運貨品、名稱、數量、價格等之詳細說明。

商業發票上記載應愈詳愈好，而商業信用證的說明僅能舉其大者。但商業發票上所載者不能與商業信用證所載者不符。關於買賣雙方之名稱地址、起運之口岸及目的地，付款條件、交貨條件等亦均須詳載於商業發票上。交貨條件須瞭解清楚，否則易生誤會。有關交貨條件之種類如下：

1.船上交貨價（Free On Board 簡稱 F. O. B.）：係以貨物「裝入船上交貨」（Free on Board）爲條件之價格。依本條件成交時，賣方須負擔貨物裝入船上爲止之一切費用與風險，裝船完畢後之各種費用與風險，由買方負擔。

2.船邊交貨價（Free Along Side 簡稱 F. A. S.）：係以貨物裝靠船邊爲條件之價格。依本條件買賣時，裝船費用由買方負擔。但其風險較上述船上交貨爲大，因如在裝船時貨物墜入海中，其損失仍應由買方負擔，但在前者，則由賣方負擔，此則不可不知。

3.運費在內價（Cost and Freight 簡稱 C. & F.）：係指包括成本與運費在內爲條件之價格。在此條件下，賣方須負擔至目的港爲止之運費。其後之費用，如水險兵險等費用，及其後之風險，概由買方單獨負擔。

4.運費保險費在內價（Cost, Insurance and Freight 簡稱 C. I. F.）：係指包括成本、保險費與運費在內爲條件之價格。此種方式之交貨條件價格，在國際貿易上應用最廣。至於保險費通常係「單獨海損不賠」之險，兵險可能也包括在內。下面討論海運保險單時再詳加論述。

5.其他尚有除C.I.F.外，再包括佣金（Commission），滙費（Exchange），利息（Interest）等，其寫法依序爲C.I.F & C, C.I.F. & E, C.I.F. & I。

二、海運保險單：海運保險爲保險學中非常專門之一種，本節所述，僅能擧其大要，加以簡略說明。

海運保險，據美國威廉D溫特博士（William D. Winter）在所著「海運保險之原理及實務」一書中所下定義爲：「海運保險是一種方法，可使當事人之一方同意爲了特定之保費，在標的物遭受保單上所列擧之危險時，對另一方賠償因此而生的損害或費用」。由此定義，海運保險單可解釋爲一種賠償合約，規定保險人依照合約條件賠償被保險人因其貨物遭受保單上所列擧之危險因而蒙受之損失。

保險關係人通常有三造，一爲保險人（Insurer or Assurer）；一爲「要保人」或「被保險人」（Insured or Assured）；一爲受益人（Beneficiary）。簡言之，保險人亦卽保險公司。要保人卽直接享有保險利益的人。受益人係指所指定之危險發生時，承受保險人賠償損失之人。因此，要保人投保時，必須要有可保之利益（Insurable interest）存在。亦卽指要保人因貨物繼續保持原來狀況而直接受到利益，如因貨物毀壞或遺失則直接蒙受損失。設無可保之利益，卽將不爲保險人所接受，其意甚明。

海運保險並非對所有海上之損失無一不保。通常所保的危險約有下列數種：

一、海洋危險（Perils of the sea）：係指因海洋自然力量所造成的危險。如波濤沖擊力所生之危險，艙中與海水接觸所生之危險，輪船擱淺、沉沒或碰撞他船他物所生之危險。

二、火災（Fire）：如因火災以致貨物損害，或由於火災的結果而產生損失，保險人均應負責賠償。

三、海難拋棄（Jettison）：在船舶遇難時，爲減輕船舶載重量，將貨物拋棄一部份，由於此項拋棄貨物的行動，係爲兼顧共同利益，此種損失向被視共同海損。

四、船員的惡意損害（Barratry）：此項損害係船員有意造成的不當行爲所引起，以致貨物發生之損失。

五、非法行爲（Lawless acts）：非法行爲有屬於個人者，有屬於交戰國所爲者。前者係指失竊、未運達目的地、海盜等危險。後者卽所謂兵險（War perils）。兵險是指交戰國在海上以戰爭武器所爲侵略行爲的危險。包括各項戰爭武器的攻擊行爲，及報復性行爲，如捕捉、擄掠等危險。

海運保險的範圍既如上述，但對於貨物本身自然之變質或腐壞，亦卽貨物之固有缺點（Inherent vice）、正常性的耗損（Ordinary wear and tear）、正常性的漏破（Ordinary leakage and breakage）及扒竊（Pilferage）等則不包括海運保險之內。

海運保險中，常見下列三個名詞，有簡單加以說明之必要，卽「單獨海損」（Particular Average）、全損（Total Loss）「共同海損」（General Average）。

單獨海損，卽指貨物所有人單獨負擔之損失。單獨海損之發生較共同海損爲頻繁。凡由海洋危險、火災、海難拋棄、船員的惡意損害，均屬單獨海損的範圍。由於其範圍較廣，保險人常規定如其損害之發生在百分之五以下者免予賠償，這種限制之百分比，英文稱爲（Franchise Percentage）。限制百分比之高低，視貨物損失之輕重而定。其易招輕微損失者，免賠百分比較高；反之，較低。惟此項限制百分比通常可由要保人與保險人商洽決定，並無一成不變之限制。

全損係指保險標的物因所保危險發生而完全予以損害，以致不堪使用或全無價值。此時，要保人有權向保險人索賠保單上所保之總金額。前述所保危險發生如係屬直接性質者，固應賠償，若係保險人爲搶救危險發生以致使所保貨物全損，此項間接影響，亦應賠償。

至於共同海損通常均不包括在海運保險契約之內，有時爲了全體所引起之損失，理應由全體共同分擔。此項損失，卽爲共同海損。申言之，在緊急的危險發生時，爲保障共同利益，出諸自願的對船舶或貨物加以局部性犧牲，藉謀挽救。挽救出的貨物價值與貨物犧牲的價值必須共同分擔，以示公允。如貨物均已投保，則保險公司可按目的國法律之規定以計算分擔之方式，如有載明按美國法律，或按「約克——安特衞普」（York-Antwerp）公約所訂規則計算者。所謂「約克——安特衞普」公約，係因各國爲調和各國法律之不同，而先後在英國約克城與荷蘭之安特衞普召開國際會議經商討後擬訂之規則，因地故名。

附帶尚須一提者卽全部風險或稱一切險（All Risks），此係指除戰爭、罷工、暴動及民變等險外之一切其他風險而言。亦卽對於戰爭險、罷工險、暴動及民變等險，如欲投保，則須另外辦理。

三、出口押滙授權書（General Letter of Hypothecation）：係指出口商以國外購貨人爲付款人之滙票，持向洽款銀行請求洽款，銀行爲保障債權，乃請求出口商簽立一紙文件，用作設定該滙票所附隨商品之合法權利。此一文件卽稱出口押滙授權書。申言之，當該滙票未獲付款時，洽款銀行得以對滙票所附隨之商品加以處置，藉以求償。由於使用此一文件，銀行因獲得對於所運送之商品及貨運單據的完全控制權，債權確保當無問題。惟辦理出口押滙授權書，銀行通常須對滙票之發票人（出口商）及付款人之信用情形作過確實徵信後，方始承做。

四、領事簽證書（Consular Invoice）：領事簽證書的主要作用，爲使進口國家對於進口貨品的品質、價格、數量等有詳細而準確之記錄，俾對編製統計及決定關稅有所依據。因此，若干國家要求領事簽證書所載內容，必須詳確。

五、產地證明書（The Certificate of Origin）：因國與國間，有時訂有優惠稅率協定，因此如加附產地證明書，證明貨物確係在可以享受優惠稅率之國家製造或出產，即可享受上項優惠稅率。但最近自由國家之間，爲防止共產區域之貨物進口，彼此常要求開具產地證明書。產地證明書通常係由領事制定及簽發，亦有由商業團體如商會等制定。我國係由經濟部指定之發證機關（目前是臺灣省檢驗局）發給。

第五章　報關

經營國際貿易的人，對於前述有關國際貿易的特質，及其所使用之基本信用工具——滙票及商業信用證，暨貨運單據種種，並對其一般交易程序，均應瞭解。此外，商場變化多端，對於時效之爭取，至爲重要。因此，在辦理進出口報關時，對於報關之處理程序與有關規定，亦須熟悉。好在報關係在本國境內進行，只須對本國有關規定及處理程序加以瞭解卽可。玆將我國有關進出口報關之情形簡介於後，俾資參考。

第一節　進出口報關程序

進口商品，不論係由進口商親自辦理報關，或委由報關行代理，其進口報關程序概如左列：

一、在海關業務課收單枱呈繳各項報單，包括進口報單（Application for import），統計報單（Statistical copy），海關進口稅繳納證（Import Duty Memo）以及貨運提單（Bill of Lading），保險單（Insurance Policy）進口證明書（Certificate of Import）等項文件。

二、在掛號及稅款登記枱登記報單號數及加蓋日期。

三、在領事簽證貨單枱核銷領事簽證貨單或繳費補發。

四、在艙單枱核對進口報單項目，如已超過報關期限者，須另繳艙單展期費。

五、在驗貨股申請派員驗關，其手續包括開箱、取樣。

六、在驗估課申請審核貨物名稱，其手續包括化驗調查，及核定進口稅則號別等。

七、在輸入許可證核對枱俟其銀行送交之輸入許可證副本核對註銷。

八、在計稅枱取得稅捐額批示單及稅款繳納證，並赴代庫銀行交款。

九、在打印枱蓋印，進口商須在海關專用鐵箱內取單。此專用鐵箱通常放在報關人候單室。

十、報關人取得稅款繳納單後，即可赴臺銀（代庫）繳款，並取得提單赴倉庫提貨。

總之，報關人只須赴業務課之進口股呈交有關單據後即可赴候單室取單、繳款、提貨。從報關到提貨之時間快者一日，慢者一週，視其進貨情形爲定。

辦理進口貨物報單，其應提驗之文件，有如下列：

一、洋貨進口報關（Import Foreign Goods）一份。

二、統計報單（Statistical Copy）一式二份。

三、臺銀國外部已簽證之結滙證明書一份。

四、輪船公司簽發之貨運提單，（B/L）一份。

五、商業發票（有時須附有花色碼單、公證人碼單）（Commercial Invoice）一份。

六、省府特准文件或建設廳核發之輸入許可證。（Permitted Licence）一份。

七、檢驗合格書證。（Certificate of Inspection）一份。

八、領事簽證書（Consular Invoice）一份。

九、海關進口稅繳納證（Import Duty Memo）一份四張。

至於出口貨物報關，其程序如下：

一、赴海關業務課呈交有關單據，包括出口證明書（Certificate of Export），出口報單（Export Abroad）以及商業發票（Commercial Invoice），領事簽證書（Consular Invoice），產地證明書（Certificate of Origin），出口特許單（Special Permission of Export）等。

二、驗估課派員驗貨、估價後交與出口股。其手續包括取樣、開箱、調查等。

三、在出口股核對稅則號別及審核離岸價格。

四、復在出口股呈驗檢疫證及合格檢驗證。並提交報單及出口申報書，如有退關，亦應呈交退關貨物清單（Shutout Memo）。

五、在打印枱加蓋關防於裝貨單及報單，並赴候單室候單。

六、取得大副收貨單（Mate's Receipt）或退關貨物清單赴海關稽查課簽署。

七、收回大副收貨單與輪船航行證件。

辦理出口報關其應提驗之文件，約有下列各種：

一、出口申報書（Export Declaration）一份四張。

二、艙位單或裝船單（Shipping Order）一份。

三、商業信用證正本一份（L/C）

四、託收出口者應呈交之保結書（Letter of Indemnity）一份。

五、管制出口者應繳納之許可證。（Permitted Licence for export）一份。

六、特准出口者，應繳驗省府批准公文一份。

七、免結外滙出口者，須另具申請書一份。

八、海關代征港工捐繳納證。

九、檢驗合格證書。

十、出口如屬赤糖，應呈驗稅捐處之貨物完稅照。如爲香蕉得依臺北關簡化香蕉出口驗放手續辦法辦理。如爲羽毛及舊麻袋另附呈檢疫所之消毒證。

第二節　進口關稅

由於我國目前係採用外滙管制制度，爲配合外滙之適度運用，對於進口關稅亦有種種規定。

有免稅進口、特准進口、不准進口及准予進口等類別。政府對於上述進口類別，有關稅率之規定，大致如下：

一、關於進口稅之規定：

㈠凡應從價納稅之進口貨，其完稅價格（Paid duty）應以輸入口岸之躉發市價（註一）作爲計算根據，此項躉發市價以當地通用貨幣爲準。

㈡其計算公式爲：

$$\frac{躉發市價\times100}{100+稅率+14}=完稅價格$$

稅率依各類物品而定，且由法律明定。

㈢呈遞進口報關單時，應呈驗眞正發票，廠家發票亦包括在內。該發票應載明該貨售於進口商之價值，並由進口商證明無訛。所有運費、保險費及其他各費應詳載無遺，且所有發票均應抄送副本送關存查。

㈣倘貨物於未報關前，業已售出，亦應檢同眞正合同與報關一併呈驗。

㈤進口商對於海關所定之價格或分類，認爲不滿意時，可於海關發給進口稅繳納證之日起十四日內，以書面向稅務司提出抗議，明白申敍反對理由，在該案未了前，該商得呈繳押款，申請將貨物先予放行。該項押款之數須足敷完納稅銀全數及海關所定其他加徵之款。

㈥凡報關單暨各種發票及合同均須附載聲明「玆謹聲明上述事項及數目均係確實無訛」等字樣由呈請人簽字。

㈦關於貨價爭執案件如經稅則分類估價評議會決定該貨實價較抗議人原報之數超過百分之二十或以上者，海關得於徵收其應納之正稅外飭令遵繳匿報稅銀十倍或以下之罰款。

㈧貨價之憑證爲發票及合同。惟如其他一切有效方法之文件，例如檢查與估價有關之其他各種文件以及調查雙方證明之詳細售貨單據．商（廠）家賬册，和考察貨色等均可做爲憑證。至如延請私人協助，訪問等亦得做爲完稅放行之根據。

海關之調查股卽擔任調查、訪問、考察之任務。

㈨凡貨物因左列情形（註二）旣無躉發市價又無眞正起岸價格（註三）可以依據者，其完稅價格得由海關斟酌規定之。

㈩凡貨物在輸入口岸無躉發市價可考者，得以國內其他主要市場之躉發市價作爲計算完稅價格之根據。

（註一）所謂躉發市價，依進口稅則暫行章程第二款第一節所解釋爲：「凡貨物於報運進口時在輸入口岸之公開市場以普通躉發數量照普通貿易情形自由銷售或可以銷售之平均市價計算者」。

（註二）㈠貨物係租賃性質，其所有權仍屬於他人者。

㈡貨物係負擔使用費（Royalty），而此項使用費並非確定或因他種原因不足憑以估定貨價者。

㈢貨物係售於代理人或分行者。

㈣貨物係在其他特殊情形下運銷於中國者。

（註三）凡貨物在國內市場無市價可考者，在普通情形下，應以眞正起岸價格（成本、、運費、保險費在內價）外加百分之二十作爲完稅價格。

二、關於免稅進口之規定：

㈠金銀條及金銀銅鎳等鑄幣。

㈡鉑之未加工者，例如錠、條、片、板等。

㈢開掘油井機器及其配件。

㈣飛機、水上飛機及其他航空器及其配件。

㈤馬達船、帆船、汽船、機動船之憑自動力進口者。

㈥前項各船未列之各配件及材料。

㈦測探器、定向器及其他行船用無線電儀器。

㈧米及穀，已裝訂或未裝訂之印本或抄本書籍及無商業價值之印刷品（名片、聖誕卡、賀年卡等已印有名字者）。

㈨海圖、地圖、暗射地圖、形勢地圖、地球儀、教授用之標本及掛圖。

㈩報紙、雜誌（只合複製用之舊報，舊雜誌不在內）。

㈪紙幣、郵票、動物肥料。

㈫專供教授用之基本發音及會話唱片。

㈬已沖洗十六公厘寬教育性電影軟片。

㈭行船儀器及其配件。

三、關於不准進口之規定：

㈠食鹽及含有氯化鈉在百分之廿五之化學品不准進口。

㈡各種槍械子彈火藥，除政府自運或經明文特准起岸者外，不准進口，如違反此項規定，應予沒收充公。

㈢鴉片、罌粟花殼莖葉及罌粟子不准進口。

四、關於特准進口之規定：

嗎啡、高根、地美露及安彌東，含嗎啡鴉片或高根之戒煙丸、斯托魏、海洛因、狄邊、嚱嗟、痲葉、大痲、印度痲、鴉片酒精、鴉片粉、鴉片劑、鴉片精、狄奧仁，及其他含有痲醉性之鴉片或高根葉所製成之物品，五公撮容量以下之注射器及直徑〇•七公厘以下之細小注射針除呈有地方衞生主管官署發給之證明外不准進口。換言之，如獲有特准許可證，卽可進口。

第三節　外銷品退稅

政府爲鼓勵外銷，前經頒訂「外銷品退還稅捐辦法」乙種，規定加工品於限期內外銷後，准予退還其使用原料已繳之各項稅捐，此項加工原料應征之稅捐，如屬繳現者，外銷後准予退現，如屬憑授信機構（銀行）保證書擔保記帳者，准其沖銷。申請外銷退稅以下列五種爲限：

一、進口關稅。
二、隨進口關稅帶征之防衞捐。
三、港工捐。
四、貨物稅。
五、鹽稅。

除上列五種外，如進口冷凍豬肉加工外銷者，亦可申請退還屠宰稅。

至於申請退稅應具下列條件，方能辦理：

一、須有進口原料，其應繳稅捐業已繳現或按規定記帳而有進口記錄者。（卽進口報單）

二、須有外銷成品，該項成品且業已按規定報運出口而有出口記錄者。（卽出口報單）

三、成品折算其使用原料數量業經核定退稅標準者。

四、原料進口及成品出口之期限及其他各項程序符合規定者。

目前經辦退稅之機關爲海關，此項業務現由臺北關及臺南關分別辦理。

申請外銷退稅之程序約如下述：

一、外銷商依外銷退稅辦法規定，於出口後，造具外銷品原料退稅申請書一式三分，以郵寄海關辦理卽可。

二、外銷有關機關指海關、稅捐稽征機關、鹽務總局。

三、廠商於繳清各項應收規費後，繕塡解除保證責任函，呈報核准。

四、廠商赴海關領取劃線支票。

五、退稅依退稅審議小組訂定之標準爲準。

六、外銷廠商依退稅辦法申請退還原料稅捐時，應自成品報運出口之翌日起六個月內檢同原料繳稅憑證（副料部份免），及經出口地海關簽章證明之出口證件，備文申請財政部轉令經辦機關退稅。

七、已報運出口之外銷品，因故退貨復運進口者一律免征進口稅捐，但出口時已退之原料稅捐，應仍按原額補征。

八、成品外銷期限依成品出品前一年內進口之原料或出廠者為限。而申請稅捐記賬之原料，應自進口或出廠之日起一年內製造成品外銷。

第四節　報關應行注意事項

經營國際貿易者對報關應注意事項如後：

一、依經營商品之性質，事先應具備所有有關之單據，如屬特准應卽申請特准單。

二、延請報關行時，應先對報關事項加以通盤瞭解，以免為報關行所誤、所欺。

三、提取樣品時，應取分量較能代表性者。

四、貨品驗關後，應卽刻由倉庫提貨，以免多繳關棧費。

五、應隨時注意船期、船艙及航線，以免出口誤事。

六、所具保結應注意是否影響過鉅。

七、退關之多少及手續，應陪同報關行處理。

八、裝船時，應注意嘜麥、件數是否正確，以免關員阻擋誤事。

九、貨物一有缺失（Short-landed），應卽通知輪船公司及海關，以便減輕稅額。

十一、不時注意報關行所記載之賬項及記事以爲參考。

十二、驗貨時，應派員在場監視。

十三、不時注意候單室之報單，一有錯誤應卽予改正，以免躭誤時間。

十四、須交付檢疫所檢驗證明者，應卽交驗，並派員到場幫助及監視。

十五、信用證因有時間性，例如日本四個月，香港二個月，歐美七個月，故應不時注意，以免失效。

十六、辦妥報關後，卽應通知裝貨，出口商亦應同時通知進口商。

第六章　國際貿易與外滙管理

第一節　外滙管理的源起

外滙係指外國貨幣或是指能換取外國貨幣的資產，包括外國貨幣、外國銀行存款、外幣證券、外幣債權，或在國外之其他資產。外國貨幣以本國貨幣所表示的價格，卽爲外滙率，簡稱滙率。滙率，一如其他商品，係由外滙的供求關係決定。而外滙管理，則係指以人爲的方法，干預外滙的供求，藉以穩定本國貨幣與與外國貨幣的兌換比率。

外滙管理是第一次世界大戰的產物。在此之前，各國間並無外滙管理，僅採用關稅政策，實施若干貿易上的限制。迨至第一次世界大戰發生後，許多參戰或中立國家，爲了保護本國資源，鞏固貨幣價值，維持經濟安定，陸續採取外滙管制，以爲戰時必要的措施。大戰結束簽訂凡爾賽和約後，由於戰爭的消耗，若干國家之國際收支不能平衡，不得不繼續採行外滙管制的措施。此爲外滙管理的濫觴。

一九三〇年代世界經濟恐慌，英國於一九三一年停止金本位制，各國不得不相繼效尤，美國亦於一九三三年四月放棄金本位。嗣後，德、法、義等歐洲國家及中南美各國均先後實施外滙管制，使用行政力量加以干涉滙率及貿易，藉以穩定滙率，維持國際收支平衡。其後，以國際局勢日趨緊張，外滙管理成爲國際間經濟戰的先鋒，各國備戰，均以外滙管制爲主要手段之一。

第二次世界大戰發生後，各國外滙管理日趨嚴密。戰後，工業落後國（Under-developed Countries）實行經濟建設計劃，多運用外滙管理作爲保護產業發展的配合措施。工業先進國雖主張貿易自由化，但仍採行外滙管理作爲其經濟政策的重要措施。國際貨幣基金組織雖然想盡種種方法，希望能取消各國外滙管制，但並無多大成就。目前國際貨幣基金會員國中絕大多數國家有外滙管制，即算如美國、加拿大、瑞士等國家的外滙也並非絕對自由。例如美國禁止戰略物資輸往若干地區，禁止華僑滙款往匪區中國大陸，及限制各國紡織品的輸入，加拿大對若干農產品的輸入予以限制，均爲外滙管理的一種。

第二節　外滙管理的目的

實施外滙管理的基本目的在限制進口，推廣出口，以平衡國際收支，作爲經濟政策的配合措施。在這基本目的之下，按所用方法之不同，尙含有下列各種意義：

一、財政的意義

南美若干國家如巴西、古巴、阿根廷等，採取外滙稅的制度，凡申請進口外滙時，須繳納若干稅款，此卽含有財政目的。

二、安定經濟的意義

外滙管理的目的，亦含有安定國內經濟的意義，對生產、消費、貿易等予以合理的調整，以符合國內經濟的要求，例如在若干進口貨品價格上漲過劇時，卽可對該項貨品之進口外滙，予以充份供應，以穩定其價格；或直接限制進口貨物的出售價格，甚至如英國，對若干重要進口貨品實施定量、定價的配售。

三、社會的意義

凡是民生必需品的進口優先結滙，且得按最低滙率申請進口，以減輕其成本，使能廉價充份供應，而對非必需品或奢侈品，則予以限制進口或禁止進口，採用此一方式的外滙管理，便含有社會福利的意義。

四、保護工業的意義

採用保護關稅制度，雖能保護本國幼稚工業之成長，惟屬消極性質。如透過外滙管制，則一方面可限制或禁止若干足以摧殘本國新興工業產品的進口，另一方面，鼓勵進口必需之原料及設備，以助其發展，且有積極意義。

五、推動貿易的意義

外滙管理中之出口補貼政策，尤其是對於滯銷產品之補貼；或採用複式滙率辦法，對出口結滙，提高其滙率，均含有直接推動貿易的意義。若採用雙邊貿易協定的辦法，以貨易貨，或進口應以出口爲條件，相互聯鎖，則可促進本國輸出貿易的發展。

六、防止資金逃避的意義

尤其在戰時，爲防止本國資金逃避國外，對一般國外滙款及資本移動，均嚴予禁止。此原爲第一次世界大戰時，各國開始實施外滙管制時，最主要的目的之一。

七、外交的意義

有時外滙管制，可作爲國際間談判的武器，例如第一次世界大戰後，國際間有賠償的問題，有政治上的爭議，彼此交涉時，常以外滙管制，迫使對方讓步。例如須對方接受某些條件後，方准對方貨物輸入等。

八、戰略上的意義

直接方法，是對戰略物資輸出的管制；間接方法，則準備一旦戰事發生，交通阻滯，若干民生必需品或軍需品，勢感缺乏，故必須於平時運用外滙管理手段，儲備物資，或促進國內生產，以謀因應。

九、發展經濟的意義

發展經濟，首須妥善分配國家資源，使發揮最大經濟效果。外滙代表本國貨幣在國外市場的購買力，亦爲重要資源之一，必須妥善加以分配。例如對非必需之消費品，應限制其輸入，對必需之生產設備及原料，始配以外滙進口。故外滙管制在戰時具有戰略上的意義，在平時並可達到促進經濟發展的意義。

總之，外滙管理的目的，含有經濟的、軍事的、政治的、社會的及文化的各種意義。也可以說爲達到多種目標的必要措施，無論戰時或平時，均有採行之必要。此卽爲第二次世界大戰結束後，何以各國外滙管制未見取消，進而更爲普遍的原因。

第三節　外滙管理的方法

外滙管理的基本方法，係凡出口所得外滙必須結售與政府（出口結滙），進口所需外滙必須向政府申購（進口結滙），易言之，所有外滙均首須集中於政府當局，然後統籌調度。在這基本方法之下，演繹爲多種外滙管理的方法，五花八門，頗不易爲一般人所瞭解。玆爲敍述方便，且分爲數量的管制、價格的管制及此兩者的混合運用三種分述如次：

一、數量的管制（Quantitative Restriction）

所謂數量的管制係對外滙的數量加以統籌運用，其方法約有下列四種：

1.進口限額制（Quota System）：係規定一定期限（分月、分季、或分年等等），各類物資進口外滙之最高分配額度。經常係由外滙管理當局編訂外滙預算按期公佈。

2.進口許可制（Import Licensing System）：凡進口必先申請許可證，許可證之頒發係由外滙主管當局審核後辦理，或則按類審核，或則逐案審核，多係配合進口限額制實施。

3.禁止或暫停進口（Prohibition or Suspension）：外滙管制中，對奢侈品或非必需品常由政府規定禁止進口或暫停進口，以節省外滙資源。有時爲保護國內工業，對足以影響國內新興工業發展之產品，亦實施暫停進口，俟本國新興工業有相當程度之競爭力時始開放進口。

4.易貨協定（Barter Arrangement）：此較進口限額制更爲積極，即規定向某國或某一地區進口一定金額之貨物，必須該國或該一地區向本國購買等值貨物，否則不許進口。

二、價格的管制（Cost Restriction）

價格的管制係從限制外滙價格以達到外滙管理的目的，約有下列八種方法：

1.有限自由市場（Limited Free Market）：外滙管制中，政府官價滙率，通常均較自由市場者爲低，對必需品之進口准按官價滙率核配外滙進口，而對若干非必需品，則按自由市場滙率結滙，此卽有限自由市場之意義，因此，政府可根據供需情況，予以機動控制並調整。

2.平準基金（Stabilization Fund）：此即政府允許有自由市場滙率之存在，但主管外滙當局撥存相當數額之外滙，作爲平準基金，視市場供需情形，機動出售或買入外滙，以控制市場滙率。

3.結滙證市場(Certificate Market)：政府對外滙如能嚴格控制，自由市場外滙之供需可能極爲有限，則可採用結滙證明書辦法，即凡出口結滙，均由外滙管理當局發給結滙證明書，進口結滙則須先向自由市場購買結滙證明書。外滙管理當局對結滙證明書的運用，可有下列幾種方式：

(1)以公營事業出口所得結滙證逐日掛牌供應，政府亦可照價收購，以控制市場價格，其作用一如上述之平準基金。

(2)規定各類出口應得結滙證成數，例如規定可結八成，則其餘二成仍須照較低之官價滙率結售本國貨幣，應鼓勵之出口物資其結滙成數愈高。

(3)規定結滙證之有效期限，以免出口商待價而估。

4.外滙標售（Auction Market）：政府對進口結滙價格不予規定，而係採用標售方式，分配於出價最高者。此種方法或可達到部份財政目的，但其他意義甚屬有限。

5.外滙保留（Compensation Market）：爲鼓勵出口，政府准許出口商保留其部份出口所得外滙，用以進口規定之貨品。因此，可以進口之利潤補貼其出口利潤之不足。

6.外滙稅（Exchange Tax）：爲使滙率不多加變動，通常以外滙稅或附加稅的方式，達到限制進口的目的，此項外滙稅可按進口貨品種類，隨時機動調整，附帶並可達到財政目的。

7.複式滙率（Multiple Exchange Rate）：採取複式滙率，亦可達到限制進口，鼓勵出口的目的。在進口方面來說，可按進口貨品需要程度，規定各種進口結滙滙率，對需要程度愈高者，滙率愈低；在出口方面來說，可按出口貨品應鼓勵程度，規定各種出口結滙率，對鼓勵程度愈高者，滙率愈高。

8.自備外滙（Self-Provided Exchange）：自備外滙進口，通常毋須政府供給外滙，但基於進口貨品種類數量之必需符合國內之需要，故外滙管制中對自備外滙必需予以審核。且自備外滙之來源，亦有可能係國內黃金外幣之走私出口者，爲免影響自由市場黃金外幣價格，亦必須予以管制。

三、混合的管制：外滙管制通常並非單純爲一種目的，故不能單純的採用一種方法。通常係將數量的限制與價格的限制混合運用。例如政府一方面可採用進口限額制的辦法，限制各類貨品進口的數量；另方面並可採取複式滙率辦法，規定各類貨品進品結滙的滙率。這便是採取數量與價格的雙重限制。各國使用混合限制的例子甚多，惟有以數量限制爲主，如歐亞兩洲大部份國家；有以價格限制爲主，如大多數南美國家。

第七章　國際貿易一般交易程序

因國際貿易較國內貿易所含風險較多，兼以買賣雙方所處國度不同，距離遼遠，又常常牽涉到國際滙兌、法律及商業習慣、保險、關稅、財務週轉，使用文字等各項問題，國際貿易之內容，因而顯得複雜，其一般交易程序，亦隨之繁複，詳情已見概述。前述各章對於國際貿易實務所常見之信用工具，所必備之貨運單據，所必知之報關程序，及外滙管制對國際貿易之種種影響，均已述及，惟爲使讀者對於國際貿易之交易程序，能有一個整體之概念，玆另闢專章討論如次。

第一節　如何尋找交易對象

不論進口或出口一種貨物，首先遭遇的困難是應自何處、向何人進口；或應出口至何處、何人。換言之，卽如何尋找信用良好，基礎穩固的交易對象，以利交易的進行。

一般尋找交易對象之方式，約有下列數種：

一、由買方發動的貿易

買方主動尋找交易對象時，通常經由下列步驟：

㈠洽請賣方國家駐在本國的使領舘商務參事推介。

㈡洽請賣方國家負責推廣貿易機構提供資料。

㈢洽請賣方國家商會或進出口公會協助。

㈣洽請留住本國之外僑社團介紹。

㈤在賣方國家之主要報紙刊登標購物品啓事。

㈥委託代理商負責進行交涉。

二、由賣方發動的貿易

㈠選送樣品參加具有輸入潛能國家所舉辦之商展。

㈡選派人員分赴各地，調查市場情況。

㈢洽請本國駐外使領舘協助。

㈣在具有輸入潛能之國家，利用大衆傳播工具從事宣傳。

㈤委託代理商負責推銷。

㈥適時參加國際投標事宜。

綜上所述，不論貿易的推動係由買方或賣方所發動，亦不論其推動的方式，係經由何種方式所進行，要之，其目的總不外在找尋最可靠、最有利的交易對象，以順利推動貿易的進行。因國際貿易既具有如此繁複的特質，如非謹愼進行貿易的推展，日後所可能遭遇的困難當更多，因此在尋找交易對象時，務須儘可能經由各種方式，以明瞭對方的信用情形。此點讀者應予注意。

第二節　詢價、報價及貨品品質與包裝規格

交易對象既經覓妥，下一步驟應是探詢其價格是否有可能在本國市場銷售，國際貿易本是基於「比較成本」原理來推動的，甲地貨品比較乙地所生產爲經濟時，方有被輸入之可能。詢價的目的，亦卽進口商在探求某項貨品成交與否之可能性。而報價的理由，則爲出口商推展產品之銷路。不論詢價或報價均置其重點在授受標的物之上，換言之，卽貨品的品質與價格。

在詢價與報價時，對於貨品品質、數量、包裝、價格、交貨時期、付款條件等均應詳加敍明。報價如能合乎對方要求，固可欣然承諾，如對方不甚滿意時，亦再函說淸楚，萬不可敷衍應付，或存心詐欺。不然，日後難免發生爭執，以致纒訟經年。金錢浪費，固屬可惜；而喪失信用，尤爲得不償失。

詢價或報價通常均以信函爲之，但有時爲爭取時間，亦有使用電報聯絡者。惟以電報常常語焉不詳，易滋誤解，除非買賣雙方已有特殊關係，甚少使用。玆將詢價與報價常用函件附後（如樣本(七)、(八)），以資參考。

X. Y. Z Trading Co., Ltd.
123 Chienkuo 4th Road
Kaohsiung
Sept. 29, 1965

A. B. C. Cement Corp.
89, Chung Shan N. Rd.
Taipei

Dear Sirs:

Re: Portland Cement, 1,000 M/T

Our client in Malaya is firmly interested in the captioned goods, and in this connection, we shall be much obliged if you will kindly make a favorable offer to us, according to the following details:

1. Commodity: Portland Cement, Type I, in accordance with US Federal Specfication SS-C-912G.
2. Quantity: 1,000 metric tons.
3. Delivery: Please indicate the earliest available Shipment by end October.
4. Packing: Each 50 kilos packed in a six-ply kraft paper bag.
5. Price: Please quote on CIF Singapore basis, in Sterling pound, including 2% commission of ours.

For your kind information, this particular client in Malaya has been purchasing various commodities through us, such as flour, plywood and canned goods, etc. We are sure that, if your offer is competitive, this order certainly can be obtained.

We are looking forward hearing your favorable answer.

Yours faithfully,

X. Y. Z. Trading Co., Ltd.

樣本(七)詢價函件

A. B. C. Cement Corp.
89, Chung Shan N. Rd.
Taipei
Oct. 4, 1965

X. Y. Z. Trading Co., Ltd.
123, Chienkuo 4th Road
Kaohsiung

Gentlemen:

In reply to your letter of Sept. 29, we are glad to offer subject to your reply here by Oct. 15, 1965 for the following:

1. Commodity: Portland Cement, Type I, in accordance with US Federal Specification SS-C-192G, packed in 6-ply kraft paper bags of 50 kilos net each, with 3% of 3-ply empty spare bags free of charge.
2. Quantity: 1,000 M/T.
3. Price: CIF Singapore FI term Stg. £6-5-0 per metric ton, including one shilling as your commission; insurance covering FPA. War Risk only.
4. Delivery: One shipment in Early November; ship will be nominated later.
5. Payment: By an irrevocable letter of credit reaching us within 10 days after your acceptance of this offer. In case the letter of credit is transmitted by an intermediate bank, the banking charges, if any, to be buyer's account.

Thanks for your kind enquiry.

Yours truly,
A. B. C. Cement Corp.

樣本(八)報價函件

買方於接獲賣方報價後，如認爲其所開條件尙能接受，則儘速於約定期間以書面契約逕寄對方請求確認。如認爲賣方所開價格太高，但又不願放棄此項交易機會，當可覆函交涉減低售價。最好列舉進口地區市場情況，以及未來發展可能性等有關資料，以改變賣方意念。而賣方則應衡情度勢，或接受其減價建議，或加以婉拒。

至於貨品品質，通常包括三種概念，其一爲外在形態，其二爲內在性質，其三爲生產地點。除此之外，有時尙包括製造廠商的商標與牌記。

爲求品質劃一，以利引用起見，各國對於大量生產的產品如機械、紙張、罐頭食品、布匹、水泥、肥料等，均應用特殊代號作爲代表。例如水泥在美國聯邦品質規格的最新代號爲 SS-C-192G，而在英國其國家標準代號是 BSS-12/1958，我國國家標準代號是 CNS61-R1。因爲引用品質標準代號既方便，又不致發生無謂爭執，故樂爲人用。

有些貨品，如手工藝製品、玻璃器皿等，難以一定規格規範者，買方每要求賣方在報價時，附寄樣品以供參考。或者買方於詢價之時，將樣品送交賣方，要求依樣製作。前者謂爲憑賣方樣品買賣，後者稱爲憑買方樣品買賣。但賣方有時爲確保自身利益起見，亦常於收到買方所送樣品時，依樣製作一些複製品，送交買方檢驗，並請求以後所交貨品以複製品爲準。

貨品經過長途運輸之後，品質難免會受外界影響而有差異，賣方可在訂約之初取得買方諒解，或者約定在某一限度之差異內，其損耗由買方負責，以免日後發生退貨、解約、甚至要求賠償損失之紛擾。

貨品的包裝亦為不可忽視。包裝目的除使貨品美觀外，最主要的在求減免運輸途中的折耗。包裝的方式很多，最普通者為袋、包、桶、捆、罐、簍等。包裝的材料有牛皮紙、瓦楞紙板、木板、木條、金屬板、草袋、麻袋、竹簍、籐簍、繩索、鐵片、鉛絲等。

國際貿易的貨品按是否需要包裝分類，通常約有下列三種：

一、散裝貨：如小麥、原油、煤屑、水泥熟料等。

二、裸裝貨：如廢鐵、鋁、錠等。

三、包裝貨：如蔗糖、香蕉、水泥等。

買賣雙方於簽約之時，對於貨品之包裝形式、材料、體積、單位、重量等條件，務須洽談清楚，以免發生糾紛。

第三節　交易方式與交易契約

交易方式，除常見利用商業信用證及委託購買證進行，已見前述有關章節，玆不再贅外，目前尚有一種特殊交易，併此簡述，以供讀者參考。

二次大戰以來，因政治、經濟、軍事的交互影響，易貨交易，又漸居重要地位。最近，美國政府爲了制止美元外流的不利情勢，另一方面又不能肩卸援助受共產集團威脅國家的責任，於是發展成功一種新形式的易貨交易方式。茲舉美國剩餘農產品交換水泥援助越南爲例，藉以窺見全豹。

美國華盛頓國際開發總署根據駐越分署之報告與建議核定每一季越南需要輸入水泥數量，並通知農業部撥付等值剩餘農產品以備採購水泥之用。由農業部之商品貸款機構（Commodity Credit Corporation），發佈通告徵求美國民間參加水泥供應之投標。水泥供給來源，應爲自由國家的產品。價格條件爲 C. & F. Vietnam Ports，運輸工具應由美籍輪船裝載，除非美籍輪船不願駛往的港口，始可由其他自由國家船隻裝載。得標者依時裝載水泥後，可以取得與水泥價格等值之剩餘農產品，至於剩餘農產品以何種價格銷往何地則未加限制。

此種特殊型態之交易方式，不但解決了美國困擾多年的剩餘農產品問題，並且履行援助盟國的責任。

買賣雙方既經詢價與報價，並對貨品品質等問題，均達到相互滿意之程度時，交易於焉成立。爲確定雙方權利義務，並避免日後發生無謂爭執，因有訂立交易契約之必要。

儘管交易契約有多種不同之名稱，如 Sales Conformation, Sales Contract, General terms and Conditions, Purchase Confirmation, 但其內容，總不外包含下列各點：

貨品名稱、規格、商標、牌記。

包裝規格、材料。

貨品數量，單價及條件。

付款辦法、交運日期。

使用何種國籍船隻裝載。

保險種類。

指定公證機構及公證報告之內容。

茲將交易契約（見樣本㈨）附後，以供參考。

第四節 洽訂船位、公證與公證報告

在 FAS 或 FOB 價格條件的買方，C&F 或 CIF 價格條件下之賣方，均有責任洽租適當船隻裝載貨品。如何洽訂船位實為國際貿易非常重要的一環，因運價影響貨品銷售成本甚大，故以能洽租低廉運費之船舶為有利。其次國際貿易必須嚴格遵守交貨時間，不然會招致違約等各項損失，同時季節一過，貨品亦乏人問津。

通常輪船公司常在報紙上刊登船期廣告，招攬客貨。如屬少量貨品可用此一方式裝運。其優點

SALES CONTRACT

Messrs. Hua Sing Trading Co., Ltd., Taipei (Hereinafter called the Sellers) agree to sell, and Messrs. Jones. & Co., Chicago (hereinafter called the Buyers) agree to buy the following goods on the terms and conditions set forth below:

Description of Goods	Men's Cotton Hosiery Underwears.
Quality:	Hua Sing No. 50
Quantity:	400 dozen
Price:	@ CNCl$25,00 per doz. C. I. F. Chicago
Packing:	In tin-lined cases at 20 doz. per case (packed in cardboard boxes of 1 doz. each)
Delivery or shipment	During July 1965.
Payment:	Buyers to open confirmed credit to accommodate seller's draft to be drawn at 60 days' sight
Remarks:	

Sellers:	Buyers:
Hua Sing Trading Co., Ltd.	Jones & Co.
(signed)	(signed)
________________	________

Date, Taipei June 6,1965.

樣本(九)交易契約

爲船期固定，而其缺點是運費較高，艙位有限，不易從事大批貨物運輸。

裝貨上船的程序是貨主與輪船公司商妥運費後，塡寫一式四聯或五聯的裝貨表格。第一聯由輪船公司簽字後，貨主憑以要求船長准許裝貨，故該聯謂之裝船命令（shipping order）。第二聯供輪船公司負責收貨的大副簽字證明貨物確已裝上輪船之用，故該聯謂之大副簽收單（mate's receipt），貨主憑此聯向輪船公司掉換提貨單。第三聯由貨主存查。其它各聯則由輪船公司收存。在這種表格中應註明貨主名稱，船名，航次，裝貨港，目的地，收貨人名稱，受通知人名稱，貨品名稱，品質，包裝，數量，標誌。

如果是大量物資的運輸，貨主必須與輪船公司簽訂租船合約。合約內容大致如下：

(一)貨品名稱及數量。

(二)船名。

(三)船期。

(四)裝貨港名。

(五)卸貨港名。

(六)每工作天應裝、應卸貨品數量。

(七)延遲費罰款，及提早裝、卸獎金。

㈧停泊港內時間計算方式。

㈨脚夫（裝卸貨品工人）

㈩運費費率，及償付時間與地點。

㈩㈠掮客傭金。

㈩㈡備註。

㈩㈢雙方代表簽字。

所謂公證，乃是由一超然公正之第三者，於貨品裝船或卸船時，點驗數量，檢查品質，核對包裝，所作成之報告，分送買賣雙方審閱，或者成爲押滙時裝船文件的一部份。

國際貿易所以需要公證，是因爲買方無法於每批貨品裝運時親赴出口地驗收，在另一方面，賣方又不能派員押運，至進口地將貨品點交買方。爲解決此項困難及避免雙方發生爭執，經買賣雙方協商同意指定公證人加以公證。所謂公證人並不全是自然人，相反地，大部份却是法人組織的公證公司。

公證報告的內容約有下列各點：

收貨人名稱，地址。

託運人或生產者名稱。

買方訂單號碼。
信用證編號。
檢驗日期。
檢驗地點。
裝載該項貨品之船名。
貨品輸入港名稱。
貨品名稱。
品質化驗報告。
包裝情況。
嘜頭及號碼。
重量：單位重量，毛重，皮重，淨重，及總重量。
每單位貨品之體積。
玆將公證報告格式附後。（見樣本㈩）

INTECO

CABLE: "INTECO"

INTERNATIONAL INSPECTION AND TESTING CORPORATION

Taiwan Main Office: 4th Floor, No. 17 Hwai Ning Jie.
Mailing address: G.P.O. Box 337, Taipei, Telephone: 20086, 34341

No. PA-3954-287
Issued at: Taipei
Date: July 28, 1964

CERTIFICATE

WE CERTIFY the following material has been inspected, and in accordance with our opinion based upon the report of our inspectors and our experience and judgment has been accepted under the instructions provided.

Consignee	: Nam Phat, 210 Vo Tanh, Saigon etc (7)
Shipper/Manufacturer	: Taiwan Cement Corporation, Taipei, Taiwan
AID PA No.	: PEE/N 430-6401-901-456-4271 etc.
L/C No.	: 612162, AID/86837-Z & AID 868382, 416.404, Z137902, Z137886, 641159, 86779-Z
L/Commitment No.	: 430-S-4560
S/C No.	: KQ-1, 2, 3, 4, 5, 6 and 7
Completion Date of Inspection	: July 24, 1964
Places of Inspection	: At manufacturer's factory and No. 14 & 31 Wharves, Keelung
Vessel	: s.s. "UNION TRADER" sailing o/a July 24, 1964
Destination	: Quinhon, Vietnam

Commodity:

Portland Cement

Portland Cement Type I, "SKYSCRAPER" brand, packed in 6-ply kraft paper bags, each containing 50 kgs. net with 6% 3-ply spare empty paper bags (2,402 pieces)
.... 2,000 M/Tons
or 40,000 Bags

REPORT

1. Packing:

Cargo was properly packed in 6-ply kraft paper bags of 50 kgs. net each.

FORM NO. TWI-62-103 A

樣本(十)公證報告

INTERNATIONAL INSPECTION AND TESTING CORPORATION

Certificate No.: PA-3954-287

Continuation Page:

II. Marking:

All the bags were marked in compliance with AID markings as follows:

PORTLAND CEMENT
TYPE I

TAIWAN CEMENT CORP.
NET 50 KGS.
MADE IN
REPUBLIC OF CHINA

III. Weight and Measurement:

A portion of the shipment was selected at random for weight checking according to ASTM standards with results noted as follows:

No. of Bags	Gross Weight	Tare Weight	Net Weight	Measurement
	@50.412 kgs.	@0.412 kgs.	@50.00 kgs.	@1.10 Cu.Ft.
40,000 Bags.	2,016,480.00 kgs.	16,480.00 kgs.	2,000,000.00 kgs.	44,000 Cu.Ft.
			or 2,000 M/Tons	

IV. Supervision of Loading:

Damaged and/or broken bags were rejected along shipside and 40,000 bags of cement in good order with 6% spare empty paper bags (2,402 pcs.) were properly loaded aboard the vessel s.s. "UNION TRADER" at Keelung; loading was completed on July 24, 1964.

V. Conclusion:

Portland Cement 2,000 metric tons or 40,000 bags, described herein, was found to be in good condition at the time of inspection.

* * * * * * * * * * * *

INTERNATIONAL INSPECTION AND TESTING CORPORATION

By: [signature]
W.W. Dansereau

FORM NO. TWI-[illegible]

公證報告

第三篇　我國外滙貿易制度及政策

第一章　我國外滙貿易管理之沿革

第一節　概說

我國自鴉片戰爭以來，歷遭列强侵略，在不平等條約束縛之下，門戶洞開，關稅不能自主，生產事業無由保護發展，外滙貿易大部份受洋商及外國銀行操縱把持，致造成清末民初我國社會經濟之衰落及貧弱。民國以後，尤其國民政府奠都南京以後，力爭關稅自主；嗣因銀價波動，白銀外流，促成幣制改革，於廿四年改用法幣，與英鎊聯繫，設立外滙平準基金，並由中央、中國、交通三銀行無限制買賣外滙，幣値及滙價穩定，對外貿易暢旺。廿六年七月，抗戰開始，沿海商埠及重要工業地區，相繼棄守，經濟削弱，對外貿易受阻，通貨膨脹，物價劇漲，當時賴有英美盟邦信用貸款及易貨貸款，外滙尙不缺乏。惟爲減少外滙需求，防止資金逃避，同時爲集中輸出物資，統制貿易，曾制定各種管制辦法，加强外滙貿易管理，增强經濟作戰實力。

抗戰勝利後，曾一度開放外滙管制，目的在增加物資供應，平定物價，以蘇民困。惟終因財政收支失衡，通貨膨脹，外滙存底消耗殆盡，拋金政策無效，雖有金元券、銀元券之改革，亦無濟於事。

中央政府遷臺後，於卅八年六月十五日實行幣制改革，發行新臺幣，與美金聯繫。爲節省外滙消耗，充裕外滙存底，曾先後制定管制辦法，限制進口，鼓勵輸出，並經不斷改進，輸出繼續增加，滙率亦由複式滙率漸臻現行之單一滙率。同時賴美援之輔助運用，及經濟之迅速發展，外滙貿易制度乃步上健全之正軌。茲分別就大陸時期及政府遷臺後我國外滙貿易管理之沿革，於下面兩節敍述其概要。

第二節　大陸時期我國外滙貿易管理之演變

大陸時期我國外滙貿易管理之演變，可以分爲四個階段，即一、法幣改制以前時期，二、法幣定制初期，三、抗戰時期，四、復員及戡亂時期。茲分別略述各時期之重要外滙貿易措施，以明瞭其演進概況。

一、法幣改制前之外滙貿易措施。自清末民初，至民國廿四年間，我國實施銀本位制度，滙率受國際銀價漲落支配，不能穩定，政府對於外滙市場無力控制，產業、貿易及物價均遭受不利影響。當時外滙平價，由上海滙豐銀行根據倫敦與香港銀價，決定滙率掛牌，爲上海滙市價格標準。我國政府爲維持滙價之穩定及防止白銀外流，曾採下列措施：

1.實施海關金單位：民國十九年二月一日起，財政部決定，對於海關進口稅徵收「關金」。規定「關金」單位值六〇•一八六六公毫純金，合美金四角。中央銀行於同年五月一日發行關金兌換劵，爲繳納關稅之用。收進稅款，折合外滙，存入外商銀行，爲償付關稅擔保外債本息之用，以避免金貴銀賤之損失。

2.禁止黃金出口：財政部於十九年五月十五日，下令禁止黃金出口，由央行總管黃金輸送權。因而增强央行對滙兌市場之控制力量。

3.央行提前公佈外滙牌價：廿三年九月廿一日起，中央銀行於每日上午九時起，先滙豐銀行而公佈外滙牌價，爲樹立滙市控制力之先聲。

4.徵收白銀出口平衡稅：財政部針對美國購銀政策，爲阻止白銀外流，於廿三年十月十五日開徵白銀出口平衡稅，使白銀出口無利，以防其外流。

5.設外滙平市委員會：政府爲穩定滙價，於廿三年十月十九日，委由中央、中國、交通三銀行合組外滙平市委員會，共籌資金一億元，爲平衡外滙基金，並主持白銀出口平衡稅之核定。

二、法幣定制初期之外貿措施。前述各項外滙貿易措施，均係治標補救辦法。由於多年來貿易皆爲入超，財政部爲謀治本之道，於廿四年十一月四日實行法幣政策，實施通貨管理，公佈「

法幣兌換辦法」，由中、中、交三銀行無限制買賣外滙，以穩定法定對外滙價。此外並實行下列兩項措施：

1. 實行白銀國有政策：爲使滙價脫離世界銀價支配，安定滙價物價，並充實外滙準備，除無限制買賣外滙外，並實行「白銀國有」措施。以法幣收兌白銀，集中於國家銀行，以充實外滙基金。兩年間運售白銀，得外滙美金三億二千四百萬元。

2. 實行外滙本位制：爲穩定法幣對外價値，與英鎊聯繫，規定法幣每元對英滙平價爲一先令兩便士半，對美滙平價爲每百元兌二九·七五美元。民國廿五、六兩年滙價穩定，出口暢旺，外滙充裕，外滙管理功效宏著。

三、抗戰時期之外滙貿易措施。抗戰時期政府對於外滙貿易之管理，最初仍實行自由外滙政策，自廿七年三月以後開始實施管理，以後逐步加强，迄抗戰勝利，大致可以分爲四個階段，玆分述如次：

1. 自由外滙時期：自民國二十六年年七月抗戰軍興，至廿七年三月爲自由外滙時期。在此階段，政府爲鞏固法幣幣信，對外滙仍依戰前滙率，採取訂住滙價政策，維持外滙自由買賣。惟爲防止資金逃避，減少外滙支出，政府先後採取數項緊急措施。廿六年八月十五日，財政部頒佈「非常時期安定金融辦法」，限制提存，緊縮法幣頭寸，間接限制對外滙之需求。並於八月廿日與上海外商銀行訂立「君子協定」，僅對正常需要，供給外滙，以維持滙價。其後又公佈「金類兌換法幣辦法」，以增强政府外滙準備實力。並實行「限制口岸滙款」，及「限制運鈔出境」等辦法，以穩定金融滙價。同時在貿易方面開始實施重要出口產品公營貿易，廿六年九月頒佈「增進生產及調整貿易辦法」，在軍事委員會之下，分設農產、工礦、貿易三調整委員會，其中貿易委員會之任務爲主持桐油、豬鬃、生絲、茶葉、銻、錫等重要出口物資之統購統銷，以換取外滙，至廿七年二月改組爲財政部貿易委員會，繼續辦理上述業務。

2.開始管理時期：自廿七年三月至廿八年六月爲開始管理時期，此一時期因北平僞組織設立僞「華北聯合準備銀行」，企圖以僞鈔換法幣套滙，財政部乃於廿七年三月十二日公佈「購買外滙請核規則」，開始直接管制外滙。政府機關所需外滙由財政部審核，商用外滙由中央銀行審核。在貿易方面，由於廿七年三月外滙市價開始上漲，致輸出困難，政府乃於廿七年六月公佈「維護生產促進外銷辦法」，對於出口貨代爲保險，調整國內產品市價，協助運輸，以減低出口成本。廿八年三月，政府爲維持滙價，並由中英雙方共同出資一千萬鎊，成立外滙平準基金管理委員會，公開維持滙價。

3.加强管理時期：自廿八年七月至三十年十二月爲加强管理時期。廿八年七月因上海僞華興銀行大量套取我方外滙，政府乃公佈「非常時期禁止進口物品辦法」，對於非必需品一律禁止進口，以節外滙支出，同時公佈「進口物品申請購買外滙規則」，進口外滙審核業務，由中央銀行移歸財政部辦理，對於政府機關所需外滙仍照官價結滙，至於商滙經財政部核准後，則由商人向中國及交通兩銀行按牌價結滙，爲我國採用複式滙率之始。政府爲獎勵輸出，同時公佈「出口貨物結滙領取滙價差額辦法」，除政府公營輸出物資外，一切出口貨均按商滙牌價結滙。三十年八月，政府依照中英、中美平準基金協定，設立平準基金委員會，審核進口物品及私人所需外滙，同時取消商滙牌價，改由中央銀行規定外滙牌價，在上海買賣外滙。並裁撤財政部外滙審核委員會，由行政院設外滙管理委員會，負外滙管理決策之責。

4.太平洋戰爭爆發後之時期：包括三十年十二月至三十四年八月抗戰勝利爲止。此一時期外滙管理重心移至重慶，並以對美滙價爲主要對象，重訂法定滙率，以安定對美滙價爲主旨。調整後之滙率，對美滙爲法幣二十元兌美金一元，對英滙爲每元兌英鎊三便士。由於此一期間對外交通僅餘中印空運，進出口貿易大部停頓，此項官價滙率始終維持不變。惟自三十年六月起，對於華僑滙款給予補貼，並對在華美軍發餉，另訂優惠比率。至於外滙管理機構方面，最初仍由行政院外滙管理委員會及外滙平準基金委員會分負決策及審核之責。三十二年平準基金會結束，復由財政部成立外滙管理委員會，辦理外滙審核事宜，業務則由中央銀行委託中國、交通兩行執行。三十四年四月復撤銷財政部外滙管理委員會，由中央銀行會同財政主管機構成立外滙審核委員會。

四、復員及戡亂時期之外貿措施。自卅四年八月至卅八年十二月爲復員及戡亂時期。在此期間，由於復員及戡亂支出龐大，引起通貨惡性膨脹，物價劇烈上漲，生產脫節，外滙貿易亦隨時發生劇烈波動，各項措施一再改變，玆分數階段敍述如下：

1. 初期放寬管制階段：勝利之初，政府對於外滙貿易管理，仍維持二十比一對美滙率，外滙申請，審核甚嚴，僅供政府機關需要，無公開外滙市場，貿易陷於停頓。至卅五年三月復員完成，政府爲增進物資供應，平定物價，乃決定開放外滙市場，放寬管制，公佈「中央銀行管理外滙暫行辦法」，及「進出口貿易暫行辦法」，將進口貨分爲：「自由進口」、「許可進口」及「禁止進口」三類，改訂外滙牌價，定爲一美元折合法幣二〇二〇元。因進口放寬，外貨大量傾銷，外滙消耗甚鉅，同時由於通貨膨脹，物價飛漲，生產衰落，出口不振。政府雖再行調整滙率，及實施拋售黃金政策，然而對於穩定滙價及物價，均無效果。因此不得不改變政策，實行管制。

2. 限制進口與鼓勵出口階段：這一階段包括自卅五年十一月至卅六年八月止。政府在此一期間爲節省外滙支出，充裕外滙來源，於卅五年十一月頒佈「修正進出口貿易暫行辦法」，對於進口實行許可制，進口商品必須先請領許可證，方准結滙輸入。並設立輸入臨時管理委員會，負責審核及限額分配。卅六年二月復成立輸出推廣委員會，對於輸出結滙給予百分之百的補貼，對於輸入結滙則加徵百分之五十附加稅，目的在鼓勵輸出，限制輸入，惟因通貨膨脹，金鈔續漲，走私猖獗，友邦對補貼辦法亦有批評，因此政府不久又頒佈「經濟緊急措施方案」，廢止補貼及附加稅辦法，提高對美滙率爲一二、〇〇〇元對美金一元，禁止金鈔買賣及流通，開始時僑滙及出口外滙均有增加，但不久由於物價大漲，效果又消失。

3.實施機動滙率階段：卅六年八月，政府公佈「經濟改革方案」，及「中央銀行管理外滙辦法」，「進出口貿易辦法」，放棄固定滙率，改由中央銀行設外滙平衡基金委員會，按市況作機動調整，另設輸出入管理委員會，辦理進口核准及出口查核等事宜。將滙率分爲兩種，一種爲「官價」滙率，仍爲法幣一萬二千元對美金一元，適用於輸入民生必需品結滙，另一種爲隨時調整之「牌價」，適用於普通商品結滙，最初美滙牌價爲三萬九千元對一美元，其後隨市場黑市變動，一再掛高，先後調整二十餘次，至卅七年五月十七日，美滙牌價竟高達四十七萬四千元。至五月底只得又改變辦法，卽採用結滙證辦法，牌價不變，對於出口商結售外滙，除按牌價給予法幣外，另發結滙證明書，可按市價售予進口商。同時進口商輸入一般貨品時，須繳等值結滙證明書，始可結滙。此爲結滙證制度之創始。目的在造成輸出入連鎖，俾鼓勵輸出，及減少輸入。

4.實施金圓劵制後之階段：自卅七年八月十九日至卅八年十二月止。由於國內局勢動盪，法幣發行已形成惡性膨脹，物價暴漲，幣值無法維持，勢非改革幣制不可。政府乃於卅七年八月十九日頒布「財政經濟緊急處分令」，改革幣制，發行金圓劵，規定金圓劵四元折合美金一元，限期收兌民間金銀外幣，惟不久由於軍事逆轉，軍費浩繁，通貨又趨膨脹，物價飛漲，政府於十一月十一日公佈「修正金圓券發行辦法」，改訂金圓券對美滙率爲二十比一，准許人民持有金銀外幣，但禁止買賣流通。進出口貿易實行連鎖制，結滙證明書改爲外滙移轉證，隨市場情況調整滙率。旋因發行增加，物價暴漲，加以局勢惡化，金圓券崩潰。三十八年七月三日政府公佈「銀元及銀元券發行辦法」，以銀元爲貨幣單位，八月十六日公佈「修正管理進出口貿易辦法」，規定出口商除所得外滙百分之十售給中央銀行外，其餘百分之九十發給輸入許可證，可自行進口或出售，手續簡便，以利貿易，惟此時大局臨危，任何外滙貿易措施，已無補於事。卅八年多大陸撤守，政府遷臺，外滙貿易管理亦進入一新階段。

第三節　政府遷臺後外滙貿易管理之沿革

臺灣光復之初，外滙貿易之管理，均依照中央統一規定辦理。至卅八年六月十五日實行貨幣改革，建立外貿制度，並經多次改進，始達成目前之單一滙率及促進輸出的目的，茲分別各階段，略述如下：

㈠臺幣改革初期階段：自卅八年六月十五起，至四十年四月止。政府於三十八年六月十五日頒佈「臺灣省幣制改革方案」，及「臺灣省進出口貿易及滙兌金銀管理辦法」，發行新臺幣，規定新臺幣五元合美金一元，進口貨品分爲准許進口、管制進口、暫停進口、禁止進口四類；出口貨品爲准許出口、管制出口、禁止出口三類。出口商須將所得外滙百分之二十依規定滙率結售臺灣銀行，其餘百分之八十，由臺銀給予結滙證明書，可以自由轉讓。其餘勞務所得外滙及華僑滙款亦比照辦理。至於進口方面，凡屬許可進口類外滙均可自由申請，無數額及其他限制。惟不久因發行增加，同年十月後，物價上漲，金鈔黑市上升，進口利益豐厚，官價外滙供不應求，政府不得不採取管制，乃於卅九年一月設立產業金融小組，負責審訂進口請滙優先程序，實行外滙審核，以節省外滙支出。規定公營事業所得外滙須集中存儲臺灣銀行，以充裕外滙，加强運用。卅九年三月復規定對於一般商品進口應向臺灣銀行申請代購公營結滙證，其價格爲一美元折合新臺幣七元五角，至於官價外滙僅適用於機器原料及重要物資之進口，此爲在臺灣採用複式滙率之始。其後結滙證價格累經調整，同時臺灣銀行並實行拋售金鈔，惟仍不能抑止滙價及物價之上漲。雖對進口外滙加强審核管理，仍未能解決危機。

㈡實行金融新措施階段：四十年三月，金鈔市價激漲，物價波動劇烈，行政院於同年四月先後頒佈「黃金外幣處理辦法」，及「禁止奢侈品買賣辦法」。採取緊急措施，取締金鈔黑市，查禁走私套滙。在外滙貿易方面，繼續實施複式滙率，調整官價滙率爲一〇•三元，改訂結滙證價格爲一五•六五元。加强外滙審核制度，在臺灣銀行增設進口初審及普通滙款初審二個小組，實行逐案初步審核，再提產業金融小組作最後核定。擬訂分類物資控制計劃，按物資供需情形核配外滙，對於物資外滙作較密切之量的控制。實施初期，對於金鈔物價及進出口業務均有良好影響。惟因通貨膨脹未停，金鈔物價續漲，出口又發生困難，而進口外滙申請日增，外滙供應日趨困難，至四十一年底，每週核准比例僅約申請金額百分之十，至四十二年四月更降至百分之六，爲杜絕浮濫申請，乃自四十二年五月起，規定貿易商請滙不得超過四十一年進口實績，並分別規定每週申請最高限額，開始創行進口實績制度。

㈢採用進口實績制度階段：四十二年七月，行政院頒佈「簡化財經機構方案」，將臺灣省府之產業金融小組改組爲外滙貿易審議小組，其下分設四個業務審核小組，即(1)輸出推廣小組，(2)專案輸入小組，(3)普通輸入小組，(4)普通滙款小組，外滙貿易管理，至此較爲統一集中，惟軍政機關外滙，仍由行政院原設審核小組直接辦理。

至於此一階段之重要措施如下：

(1)四十二年九月公佈「改善外滙申請及審核辦法」，將原有普通進口每週申請辦法，改爲每兩月申請，以簡化手續，提高每筆結滙金額，並取消於申請預繳百分之百的保證金，以減輕進口商結滙成本。

(3)按期公佈進口物資預算，控制外滙用途。

(3)採行實績制度，按貿易出口及進口實際成績核售外滙。

(4)進口結滙加征防衛捐二〇%，實際滙率爲十八•七八元，此項收入用爲當時調整公敎人員待遇之主要財源。

(5)訂定辦法，整頓貿易商，由原有之二千四百多家，減至一千六百餘家。

(6)訂定若干辦法，鼓勵出口。

上述辦法施行後，初期頗能遏止浮濫申請，平定金鈔物價，效果甚佳。至四十三年秋，物價漲風又起，進口利益優厚，出口萎縮，政府外滙支絀，因而削減價實績申請比例，致發生實績頂讓事實，進口貨價指數，每月上漲約百分之五，形成再改革之需要。

㈣實行配額制度階段：四十四年二月，行政院決定撤銷臺省政府外滙貿易審議小組，改組爲行政院外滙貿易審議委員會，原屬行政院之軍政機關外滙審議小組亦併入該會。同時公佈「結售外滙及結購外滙處理辦法」，實行進口外滙配額制度。其主要內容如下：

(1)改訂基本滙率爲一五•六五元，加防衛捐二〇%及臺銀結滙證牌價六元，共爲二四•七八元，爲外滙折算率，惟商業銀行出售市價結滙證爲十三•五元，因此形成多元複式滙率。

(2)施行每月一期之進口物資預算，進口商申請時，以一類貨品爲限。同時在各類配額中規定最高申請百分比的限額，如申請總金額超過配額，則按比例攤配，因而構成配額制度。

(3)對於公營產品之糖、米、鹽、原油煉品及鋁等輸出，按基本滙率結滙。民間輸出加發結滙證八〇%，（香蕉加發五〇%）

(4)對於工業原料、直接用戶、美援商業採購等申請，適用臺銀牌價結滙證，其他物品適用市價結滙證，並加基本滙率及二〇%防衞捐。

上述差別滙率之運用，兼顧各方需要，初行效果頗佳，外滙支出減少，但民間出口仍困難，且不久進口方面又發生頂讓牌照現象，政府乃謀進一步之改革。

㈤簡化滙率制度階段：四十七年四月，政府鑒於當時滙率複雜，應謀簡化，並爲加強鼓勵輸出起見，逐步實施簡化滙率，完成單一滙率制度，玆分述如下：

(1)簡化滙率：行政院於四十七年四月十二日公佈「改進外滙貿易方案」，及有關法令，將多元式滙率簡化爲二元滙率，即(甲)、基本滙率，定爲二四・七八元，適用於政府結滙，及甲種進口物資，如肥料、黃豆、小麥、原油及重要機械等。(乙)、基本滙率加結滙證，定爲三六・三八元，適用於乙種進出口物資，即不屬於甲種物資的一般物資及民間普通滙款。同時取消百分之二十的防衞捐。除甲種物資外，一切出口均發給百分之一百的結滙證，其使用期限爲一百二十天，可以自由買賣。至於進口外滙，仍採進口物資預算方法，廢除最高限額限制。簡化辦法實行後，輸出增加，物價尙穩定，牌照頂讓之風掃除。

(2)實施「單一滙率」：四十七年十一月，行政院決議實施單一滙率，將基本滙率與結滙證牌價併爲三六・三八元之實際滙率，對於甲、乙種進出物資，政府及民間滙出入款均適用。名義上雖屬單一滙率，惟因民間出口及滙出款需加發或附繳等額結滙證，而結滙證市價較牌價爲高，故實際上仍有不同之滙率存在。

(3)合併滙率：四十八年十月，將三六・三八元滙率定爲基本滙率，稱爲合併滙率，對於輸出發給全部新結滙證，擴大結滙證使用範圍。對於民間進口申請，須以新臺幣向市場購買結滙證，故有緊縮金融，平抑物價之效。同時由臺糖出售結滙證牌價，亦改爲四〇・〇三元，代表全部實際滙率，以穩定結滙證市價。因有一部份外滙仍須由政府按基本滙率供給結滙證，故實際上仍未完全統一。

(4)統一滙率：政府爲貫徹單一滙率目標，於四十九年七月一日起，規定所有軍公機關與民間之輸出入及滙出入等款，均全部適用結滙證，並以臺糖結滙證牌價四〇・〇三元爲準。三六・三八元滙率名存實亡，至五十年六月一日臺銀收購出口商結滙證牌價，亦調整爲四十元，至此滙率臻於統一，成爲名實相符之單一滙率。至五十二年九月，政府鑒於滙率至爲穩定，結滙制證度已無存在必要，爲簡化輸出入手續起見，乃將結滙證予以廢止。新臺幣對美元之基本滙率仍訂爲四

○元對一元，買入滙率亦爲四○元對一元，另訂賣出滙率新臺幣四○元一角對美金一元，使買賣滙率略有差價，滙率制度臻於完整。民國六十二年二月十六日因應美元之貶值措施，將滙率調整爲新臺幣三八元對美金一元。買入滙率爲新臺幣三七元九角對美金一元，賣出滙率爲新臺幣三八元一角對美金一元。

㈥積極推廣貿易階段：五十二年以後，政府爲配合經濟發展之需要，採取各種措施，積極推廣對外貿易。茲就輸出與輸入兩方面簡述其主要措施如下：

(1)輸出方面

1.實施計劃產銷與聯營輸出：自五十二年起，政府對於主要農工產品，包括棉紡織品、鋼鐵、水泥、紙張、香蕉、洋菇罐頭、鳳梨罐頭、蘆筍罐頭等，或實施計劃產銷，或團結業者，聯營輸出，以求適量產銷，統一對外報價，及調協運輸，增強我產品在國際市場上之競爭力量。

2.加強鼓勵加工外銷：對於輸入原料加工輸出之貨品，予以退稅、金融及外滙核配等方面之優待，以鼓勵勞務輸出。

3.擴大出口檢驗範圍：五十二年以前，輸出貨品檢驗，祇限於農產品及農業加工品，五十二年以後，陸續擴大檢驗範圍，各主要工業產品，亦須檢驗合格後，才能輸出，並輔導業務，實施品質管制，以提高輸出貨品品質。

⑵輸入方面

1.修正貨品管制進口準則，降低保護國內工業尺度，並陸續將管制進口貨品共計一百七十三種開放進口，以放寬輸入管制。

2.進口結滙保證金自六十三年十一月十五日起，由百分之廿，降爲百分之十五，以利進口資金週轉，減低輸入成本。

㈦現行外滙貿易分別管理制度：五十八年元月，政府鑒於第四期經濟建設計劃已經完成，經濟發展已到一新的階段，爲適應國際情勢，加強對外貿易推廣，需要更進一步將貿易與生產作緊密之配合，乃調整外滙貿易機構，將行政院外滙貿易審議委員會結束，其職掌分別劃歸下列三個機關主管：

1.財政部主管外滙行政及軍政機關外滙核配。

2.經濟部主管貿易行政及工商業之業務指導聯繫。

3.中央銀行主管外滙調度及外滙業務。

同時，行政院設置外滙金融貿易聯繫會報，以謀決策與業務之協調。

第二章　外滙貿易管理機構

第一節　外滙貿易主管機關

我國現行外滙貿易管理機構，以行政院爲最高決策機關，有關外滙貿易政策及重要法令，均由行政院制定及公佈。行政院設外滙金融貿易聯繫會報，由中央銀行總裁、財政部長、經濟部長、行政院秘書長及國際經濟合作發展委員會秘書長組成。其職掌如下：

一、審議外滙貿易政策。

二、審議年度出進口貿易計劃。

三、審議年度外滙收支計劃。

四、檢討外滙貿易情況及其計劃之執行。

五、審定重要輸出入貿易方案。

六、審定外銷貸款辦法。

七、其他有關外滙貿易重大事項之審定。

外滙貿易主管機關，則按業務性質，由財政部、經濟部及中央銀行分別主管，玆分述如下：

一、財政部

1.有關外滙行政。

2.會同中央銀行及經濟部擬訂貨幣對外滙率。

3.政府及公營事業外幣債權債務之監督與管理（中美社會發展基金根據中美兩國換文辦理）。

4.國庫對外債務之保證、管理及清償。

5.軍政機關進口外滙及滙出滙款之審核。

以上第1項及第2項，由錢幣司辦理；第3項及第4項由國庫署及公債司辦理，第5項由軍政機關外滙核配組辦理。

二、經濟部

1.推廣貨品輸出業務之策劃與執行。

2.年度出入口貿易計劃之擬訂與執行。

3.出進口貿易申請案件之審核發證。

4.會同中央銀行、財政部等機關審訂出進口貨品禁止、管制及准許之分類。

5.僑外資投資案件輸入商品之監督及查核（輸入依投資審議會之決議）。

6.核定出進口分期收付款申請案，並隨時會洽中央銀行。

經濟部設置國際貿易審議委員會及國際貿易局，辦理上項業務。前者為審議單位：後者為執行單位。國際貿易局下設各組：

1.第一組：掌理農、林、漁、畜、礦等產品出口事項。

2.第二組：掌理工業製品出口事項。

3.第三組：掌理各種進口事項。

4.第四組：掌理貿易推廣、商約談判、簽訂、及駐外經參單位之聯繫督導。

5.第五組：主管貿易廠商管理，貿易糾紛之處理及研考業務。

6.貨品分類委員會：掌理出進口貨品分類之審訂事項。

三、中央銀行

1.集中調度外滙並指定銀行辦理外滙業務。

2.會同財政部、經濟部擬訂年度外滙收支計劃。

3.一般滙出入款之審核（僑外資投資案滙出入款依投資審議會之決議）。

4.對指定銀行辦理外滙業務之督導及外滙之清算。

5.外滙收支之核算統計分析與報告。

中央銀行設置外滙局辦理上項業務，外滙局下並設國外滙款審議小組辦理滙出滙款審議工作。

第二節　外滙貿易管理有關機構

外滙貿易管理業務範圍至爲廣泛，與其他機關有密切之關係，玆就與外滙貿易管理有關之行政機構，辦理外滙銀行，及公營貿易機構，分別略述如左：

一、有關行政機構：與外滙貿易管理關係最密切之中央機關內司署級單位，財政部方面有：㈠關務署主管海關業務及進出口貨物之驗估、征稅、結關等；㈡賦稅署及退稅小組主管進出口貨物課稅、減稅、免稅及退稅等法令之頒佈及修訂；㈢錢幣司主管⑴進出口貨物之水火險及再保險，⑵所轄國營事業經營國際貿易之督導。經濟部方面有：㈠商業司主管⑴對外簽訂商務條約或協定，⑵對外貿易有關之商業登記及商標登記，⑶輸出貨物產地證明書之核發，⑷駐外商務人員之選派，⑸工商人員出國之審核，⑹國際商品展覽之籌劃與執行；㈡商品檢驗局主管輸出之農工產品檢驗事項；㈢華僑暨外人投資審議委員會主管華僑暨外人投資與技術合作以及國人對外投資與技術合作案件之審核；㈣國營事業委員會主管所轄國營生產事業之督導，如臺糖、臺鋁、石油公司等經營國際貿易。㈤工業局主管⑴外銷品退稅標準之審核，⑵各類製造工業之管理及輔導，⑶工業區之規劃與開發，⑷中小企業之輔導及軍公民工業之配合，⑸工業登記、此外，如交通部對於國際航運擴展，國際電訊業務之改進；外交部對於對外商約及貿易協定之簽訂，駐外使領館及商務人員之督導，友邦及國際組織之經濟援助及技術合作等之商洽；內政部對於進出口藥品之檢驗、審核、民間貿易團體出國之審查；僑務委員會對於華僑投資與物資輸入之指導，僑商及僑生滙款之證明；行政院新聞局對於國外書籍報紙雜誌進口之審查，國外電映片上映之核定等，其他如國防部、教育部、行政院經濟設計委員會、中國農村復興聯合委員會等均就其主管範圍與外滙貿易業務發生聯繫。

至於地方機關如臺灣省政府財政廳、建設廳、農林廳、漁業局、交通處、衞生處、警務處及臺北市政府財政局、建設局等，亦分別在主管範圍內，協助外滙貿易業務之執行。

二、外滙銀行：辦理外滙業務之銀行，最重要的爲中央銀行，其次爲中央銀行指定之銀行。中央銀行外滙局負責集中保管及調度全國外滙，辦理外滙清算，並指定銀行辦理外滙業務。

至於指定銀行，經中央銀行之核准，得辦理下列有關外滙業務之全部或一部：㈠滙出及滙入滙款，㈡開發及收受信用狀，㈢收購輸出滙票，㈣辦理外幣存款及貸款業務，㈤辦理外幣擔保付款之保證業務、㈥進出口徵信調查，㈦進出口結滙，㈧中央銀行委託代辦之其他外滙業務。

指定銀行逐日買進及賣出之外滙數額及種類，應按照中央銀行之規定，列表報告及辦理結算。目前經中央銀行核准爲辦理外滙業務之指定銀行，計有：㈠臺灣銀行，㈡臺北市銀行，㈢中國國際商業銀行，㈣交通銀行，㈤中國農民銀行，㈥中央信託局，㈦第一商業銀行，㈧華南商業銀行，㈨彰化商業銀行，㈩華僑商業銀行，(十一)上海商業儲蓄銀行，(十二)中華開發信託公司，(十三)日本第一勸業銀行臺北分行，(十四)美國花旗銀行臺北分行，(十五)美國商業銀行臺北分行，(十六)泰國盤谷銀行臺北分行，(十七)美國運通銀行臺北分行，(十八)非律賓首都銀行臺灣分行，(十九)美國大通銀行臺北分行，(二十)美國歐文銀行臺北分行，(二十一)美國大陸銀行臺北分行，(二十二)世華聯合商業銀行，(二十三)美商華友銀行臺北分行，(二十四)美商加州聯合銀行臺北分行，(二十五)加拿大多倫多道明銀行臺北分行等二十五家。

三、主要公民營貿易機構：目前主要辦理進出口貿易之公營貿易機構爲中央信託局及臺灣省物資局，民營貿易機構爲中華貿易開發股份有限公司，玆將其有關業務分別敍述如下：

㈠中央信託局之貿易業務。接受國營生產事業之委託辦理輸出，中央政府各國營生產事業所需輸入物資器材之統籌標購，輔導民營企業之生產及外銷，承辦原料輸入及製造成品輸出之退稅保證，及華僑外人投資輸入出售物資之關稅保證。

至於目前中央信託局經營或輔導之出口物資名稱如下：⑴糖、糖蜜、及臺糖公司副產品，⑵米，⑶鹽及副產品，⑷鋁錠及鋁片，⑸焦煤，⑹鳳梨罐頭，⑺漁船，⑻樟腦，⑼甘蔗板，⑽棉紗，⑾人造棉紗，⑿棉布，⒀電桿木、枕木，⒁燒鹹、高度漂粉，⒂石油副產品，⒃電石，⒄肥料，⒅柑橘，⒆煙及煙葉，⒇瓊蔴，(21)電纜，(22)油毛毡，(23)薄荷油。

又該局經營進口之物資名稱如下：⑴機器工具，⑵各種肥料及其原料，⑶廢鋼鐵，⑷人造棉，⑸人造絲，⑹尼龍絲，⑺各種農產品，⑻電器及通訊器材，⑼車輛及船隻，⑽五金及其製品。

㈡臺灣省物資局之貿易業務。接受省營生產事業之委託辦理輸出，省屬政府機關及省營事業所需輸入物資器材之統籌標購，輔導民營企業生產及外銷，承辦原料輸入及製造品輸出之退稅保證等。

至於物資局經營或輔導出口之物資名稱如下：⑴毛猪，⑵電工製品，⑶鋼鐵製品，⑷夾板及鋸料，⑸紡織品，⑹木材，⑺各種罐頭，⑻自行車零件，⑼成衣，⑽手工藝品，⑾編帽及髮網，⑿塑膠製品，⒀橡膠製品。

又物資局經營進口之物資計有：

⑴工礦器材原料：①生膠，②封口膠，③滑石粉，④馬口鐵，⑤鍍鋅鐵皮，⑥非鐵金屬，⑦牛油，⑧赤燐，⑨氰化納，⑩炭精，⑪廢鋼，⑫紙板，⑬羊毛及毛條，⑭尼龍絲，⑮椰子油，⑯醋酸乙烯，⑰特定機件，⑱醋酸纖維條，⑲氯化鉀，⑳電極棒等。

⑵民生日用品：①魷魚加工品，②魷魚，③玉米，④黃豆，⑤高粱，⑥小米，⑦大麥，⑧白絞油，⑨冷凍牛羊肉，⑩奶粉，⑪紅黑棗，⑫咖啡豆，⑬菸葉，⑭人參製品，⑮消防車，⑯農耕機等。

㈢中華貿易開發股份有限公司之貿易業務：採購重要工業原料確保國內廠商需要，協助國內廠商爭取外資及技術合作，接受政府委託辦理指定貿易業務等。

至於目前中華貿易開發股份有限公司經營或輔導出口之物資名稱如下：⑴紡織品，⑵電器機械器材，⑶夾板等。

又該公司經營進口之物資計有：⑴大宗物資，⑵機械，⑶紡織原料，⑷電器機械器材等。

第三章　外滙管理

第一節　滙率之訂定及外滙收支估計

外滙管理最重要的原則，即爲外滙之集中收付，換言之即一切外滙收入，不論其爲政府機關或私人所得之外滙，均須依規定結售與政府指定之銀行；一切所需外滙支出，亦須經由政府批准外滙向指定銀行購買。在集中收付原則之下，滙率之決定，成爲政府重要外滙管理政策之一，適當之滙率，可以鼓勵輸出，限制輸入，促進經濟發展。目前我國採行的是單一滙率制度，由中央銀行掛牌，五十二年九月卅日訂定基本滙率爲每一美元合新臺幣四十元，並作爲銀行買進滙率，銀行賣出滙率爲每一美元合新臺幣四十元一角。六十二年二月十六日爲因應美元貶值措施將滙率調整爲每一美元合新臺幣三十八元，銀行買進滙率爲每一美元合新臺幣三十七元九角，銀行賣出滙率爲每一美元合新臺幣三十八元一角。至於新臺幣對其他外國貨幣之滙率，係透過美元之基本滙率折算，經中央銀行訂各種外幣之買入滙率及賣出滙率。由於近年來國際金融動盪不安，自六十年八月二十四日起外滙買賣滙率按日由中央銀行掛牌公告，計有英鎊、港幣、馬克、澳幣、馬來幣、瑞士法郎及星幣等。另中央銀行爲協助並促進國內工商企業推廣對外貿易，經於六十一年四月三日起實施進出口結滙之遠期外滙買賣，其範圍僅限於進出口結滙，而其遠期外滙係指該行掛牌（除美金以外）之外幣，買賣契約期間共分三十天、六十天、九十天及一八〇天四種，遠期外滙滙率由中央銀行按日訂定。

其次，外滙收支之估計，亦爲外滙管理重要業務之一，爲中央銀行對一切外滙收支活動綜合性之指標，因爲預計某一年度內外滙收支之有餘或短絀，對於全年外滙之調度，外滙管理之寬嚴尺度，均有密切關係。至於外滙收支估計之原則，不外下列三點：

一、適合性。外滙貿易政策應與經濟發展計劃相配合，凡進口、出口、滙款之需要情況如何？應行管理之範圍及程度如何？國外可能提供之援助及投資如何？均與外滙貿易業務有密切關係，是以外滙收支估計，應注意予以適合之衡量。

二、可行性。根據過去之實際資料，及將來之合理預測，擬定收支估計數額，使其儘可能正確，以利執行。

三、伸縮性。外滙收支估計，固應注意其適合性及可行性，惟對於未來發展之估量，亦應保留相當之伸縮性，以便適應一切可能之變化。

辦範圍先行估計，再由外貿會指定專人負責綜合彙編，並由該會隨時檢討實際進展，及調整適應。

第二節　一般外滙管理

一般外滙管理，是指進出口貿易以外之各項外滙管理，包括外幣之兌換，旅客出入境携帶金銀外幣之限制，原幣存款，外幣貸款，對外投資，各項滙出入滙款等管理。玆分別略述如下：

一、外幣之兌換。依照規定，中華民國境內之本國或外國人民，得持有外幣或外滙，但不得買賣轉讓。持有外幣或旅行支票者，得向中央銀行按照規定滙率兌換新臺幣，同時在松山機場、各大港口碼頭，各觀光旅社、指定銀行等處，均設有外幣兌換服務處，便利旅客隨時兌換。

二、旅客出入境携帶金銀外幣之限制。依照規定，旅客入境，每人携帶之金銀外幣數量，並無限制，惟須於入境時向海關登記，所携之外幣得依照規定兌換新臺幣，離境時可將剩餘之新臺幣兌回原幣，同時對於外幣之携出數額，以原申報及已經兌換之差額爲限。如入境滿六個月後，則應按一般出境之規定，以四百美元爲限。至於携帶之金銀，不得兌換，可由旅客自行封存於海關，出境時將之携出。

至於旅客出境，按照規定，凡出境之本國人或外國人，每人携帶外幣總值，不得超過美金四百元，或其他等值之外幣。每人携帶金飾以不超過二市兩爲限，銀飾以不超過二十市兩爲限。金銀塊類及銀元，概不准攜帶出境。

三、原幣存款。依照原幣存款辦法規定，外幣或外滙持有人，得以外幣現鈔或外滙（國外滙入款及國外銀行票據等），向辦理外滙業務銀行辦理原幣存款。其存儲及支取之規定，略述如下：

㈠原幣存款之存儲，暫以美元及港幣爲限，其他外幣外滙得申請折成美元或港幣存儲。存款分爲活期存款及定期存款兩種。活期存款無利息，可隨時存取，定期存款之期限利率，目前規定爲三月期年息五%，半年期六%，一年期七%。

㈡原幣存款之支取，不論本金或利息，均照原存之外幣或外滙分別給付，其願折換新臺幣者，比照滙入款辦理，即按銀行買入滙率折算。外滙存款得申請滙出國外，其滙往地點，除自美國滙存者，不得轉滙香港外，均不受限制。

四、償付外幣貸款之管理。外幣借款人向國內銀行借貸外幣，原訂以外幣歸還，惟因故未能取得外滙或外幣，請求改以新臺幣償還者，經中央銀行外滙局查明屬實，可准照還款日之賣出滙率折合新臺幣歸還。惟應加收利息及違約金。至於外幣借款人向國外貸款機構借入外幣，原約定可折合新臺幣歸還，嗣因貸款機構依合約規定，要求以原幣清償，因而申請結滙歸還者，經查明屬實，亦可准予結滙。

五、對外投資。對外投資案件，係經濟部華僑暨外人投資審議委員會主管，亦有部份涉及外滙貿易主管單位之職權者，如對外投資申請時，以機器或設備作爲股本，或以半成品出口加工製造作爲股本者，應審查其是否合乎規定，是否檢附當地政府對於投資之本金、孳息、利潤及報酬金可准滙回我國之文件，乃經濟部國際貿易局之職權。又如以現金滙出作爲股本之審核，乃中央銀行外滙局之職權。惟爲簡化手續起見，國貿局及外滙局皆已授權審議會統一審核，以爭時效。投資案核准後之免結滙出口，及投資人應依規定將所得孳息、利潤、報酬金、投資本金等之滙回本國，並結售外滙業務銀行等項，則分別由國貿局及外滙局辦理。

六、各項滙出入滙款之管理。一般滙款之審核及管理，包括項目甚多，計分爲㈠輪船運費滙款，㈡航空事業滙款，㈢保險事業滙款，㈣公證費、檢驗費、提煉費滙款，㈤佣金滙款，㈥電映及電視事業滙款，㈦新聞事業滙款，㈧訂購書刊滙款，㈨外籍人員贍家滙款，㈩自費留學生滙款(十一)港澳來臺眷屬旅雜費及贍家費滙款，(十二)投資本息滙款，(十三)技術報酬及專利費滙款，(十四)工礦企業週轉金本息滙款，(十五)漁業滙款，(十六)出國人員旅費滙款，(十七)國外廣告費滙款，(十八)外國音樂團體或個人來華營業演出收入滙款，(十九)還債滙款(二十)出國人員旅費滙款(二十一)本國廠商設置駐外機構滙款(二十二)小額滙款(二十三)其他滙出滙款等廿三項。以上各種滙款，均應依照訂定之申請及審核準則，向中央銀行外滙局申請核准後，至辦理外滙業務銀行結購外滙，或按規定結售外滙。至於軍政機關滙出滙款，則向財政部軍政機關外滙核配組申請核准後，至外滙業務銀行結購外滙。

第四章 輸出管理

第一節 出口貨品分類及出口申請手續

政府對於輸出方面之管理，有關各項措施並不在消極的限制，相反的是在積極的鼓勵與輔導，使輸出能够不斷的增加及擴大。惟基於國防、民生或其他經濟上之原因，對於一部份商品出口仍須加以管制或禁止，因此目前出口貨品之分類，可以分為下列三類：

一、准許出口類：一般輸出品，均可隨時簽證輸出。

二、管制出口類：包括下列各種貨品：

(1) 統籌輸出貨品，由公營貿易機構統籌輸出。

(2) 須調節輸出數量之貨品，貿易商亦可申請輸出，惟須由經濟部國際貿易局視當時供需情形，加以審查核准。

(3) 國內較為缺乏之貨品，審核較為嚴格。

三、禁止出口類：嚴格禁止出口。

至於出口申請手續，對於准許出口類及管制出口類貨品，應分別情形辦理，玆分述如下：

(一)申請輸出「准許出口類貨品」，其憑由國外開來之信用證、預繳出口外滙證明書，或以付款交單託收方式輸出者，可直接向外滙業務銀行申請出口簽證。如按承兌交單託收方式或寄售方式申請輸出者，應送請國貿局第一組審查，經核准後，由外滙業務銀行簽證出口。

(二)申請輸出「管制出口類貨品」，應塡具「管制物資輸出申請書」，逕向國貿局第一組提出申請，經審查核准後，向外滙業務銀行憑以簽證。

再者，關於貨物樣品、宣傳品、或試銷品之輸出，其價值在[illegible]百美元以內，可以免結滙方式，逕向外滙業務銀行辦理簽證出口，如價值在[illegible]百美元以上，則須經國貿局核准後，再向銀行辦理免結滙手續。又如進口貨品或外銷貨品如需退回或調換時，應檢同有關證件及申述理由，經申請核准後，亦可辦理免結滙進出口。再如參加國外展覽之商品及經出版事業管理委員會同意之書刊，得申請以免結滙出口，惟如有外滙收入，則應滙回結售外滙業務銀行，始能結案。

第二節　出口簽證及結滙方式

凡已辦妥營利事業登記之廠商，即可爲出口商。所有商品輸出，除以不結滙方式出口者外，均須辦理出口簽證，同時所有貨品輸出所獲得之外滙，均應結售外滙業務銀行。玆將各種出口簽證及結滙方式分述如下：

一、信用證 L/C 方式：凡以信用證方式出口者出口廠商依照信用證指定條款，備齊貨物後，檢附有關信用證全套文件，及填具出口申報書，向外滙業務銀行辦理出口簽證。出口廠商貨品出口後，備齊各項出口單據，可向銀行辦理出口押滙。

二、預繳外滙方式：國外買主先將貨款用電滙 T/T、即期滙票 D/D、或信滙 M/T 滙來，出口商結外滙與外滙業務銀行時，聲明輸出貨物名稱，銀行卽發給預繳外滙證明書，作爲出口簽證之憑證。惟預繳外滙證明書有效期間以一百八十天爲限，非有特殊理由，經國貿局核准者，不得延展。

三、寄售方式：出口廠商可向國貿局申請，以寄售方式輸出，卽貨品出口後，委託國外代理商或經銷商銷售，俟貨品銷售後，再收取貨款。依照現行規定，向同一地區寄售輸出之最高額爲五萬美元，同一時期寄售輸出各地之總值最高額爲十萬美元，可直接向簽證銀行(指定臺灣銀行)申請簽證，惟超過上項金額者或其貨品屬管制出口類者，均應先向國貿局申請核定後始得辦理簽證。又出口商收取價格結滙之期限，不論何地區，均限一百八十天。

四、託收方式：又可分爲付款交單 D/P，及承兌交單 D/A 方式兩種：

㈠付款交單方式：出口廠商以付款交單託收方式，向外滙業務銀行辦理簽證。俟貨品出口後，備齊各項出口單據，送銀行轉寄國外銀行託收價款，俟款項收妥後，再通知託收人領取貨款。

㈡承兌交單方式：出口廠商應於交易成交前填具申請書向國貿局申議核准後，方得向銀行辦理簽證。出口商將貨物裝運後，備齊各項出口單據，送交外滙業務銀行，轉寄國外銀行，請求將遠期滙票承兌。俟滙票到期，收取外滙後，由承辦銀行通知出口商領款。

至於託收期限，與寄售方式相同，亦爲一百八十天。

第三節　出口輔導

政府爲鼓勵輸出，對於出口商品之生產、運銷，及對於出口廠商，訂定各種辦法，採取各項措施，儘量給予輔導，藉以提高出口商品品質，建立國際商譽，開拓海外市場，減輕生產成本等，玆分述如下：

一、建立商譽，提高品質。對於出口商品，嚴格實施檢驗，此項工作，目前由經濟部商品檢驗局執行。對於應實施檢驗之商品，隨時規定公告，現已公告之品目，約有二百餘項商品。至於檢驗標準，大多數均照中央標準局所訂之國家標準辦理，如未訂定標準者，則參酌國際標準擬訂暫行標準辦理。各類主要農工產品出口，均須檢驗合格，始准放行。藉以提高商品品質，及爭取國際信譽。此外，國貿局對於出口廠商信用，至爲注意，對於違約背信之廠商，例如產品變質或與樣品不符，不依約交貨等行爲，一經查出，即予嚴厲處分，並飭其退貨調換及負責賠償，以維信譽。

二、開拓海外市場。一方面極力促進各項主要產品輸出，並對香蕉、香茅油、洋菇罐頭、鳳梨罐頭、茶葉、柑桔、羽毛、木材、紙張、味精、紡織、鋼鐵等，分別輔導其推行計劃產銷制度同時為避免同業競爭，並儘量鼓勵其組織聯營公司。對外實行統一報價，承攬訂貨，實行計劃生產及責任輸出，以避免互相殺價，無益外銷，徒增共同損失。此外並先後派政府首長，率領友好經濟訪問團，訪問中南美洲、非洲、澳洲及歐洲，或簽訂貿易協定，或發表聯合公報或與當地廠商聯繫洽商，以加強貿易商務關係，及敦睦邦交，並由政府推動及協助，參加國際商展，藉以拓展海外市場。

三、減輕出口品成本。政府對於輔導出口廠商，減輕出口貨品成本之重要措施，不外是低利貸款，免稅及輸出保險等方法。茲分述如次。

㈠低利貸款。政府為推廣輸出，並劃一外銷貸款標準起見，訂有外銷貸款通則，其主要內容如下：

1. 外銷貸款以協助農業、工業及手工業產品之外銷為目的，分計劃型週轉貸款及一般性外銷貸款兩種，外銷廠商可依照前一年外銷實績，當年外銷計劃，及每批外銷訂貨，申請所需週轉資金。

2. 計劃型週轉貸款額度，以申請者前一年之外銷實績及本年外銷計劃為準，經貸款銀行核定後，隨時申請動用。其期限最長不得超過一年，目前暫行停辦。一般性外銷貸款額度，由貸款銀行按外銷訂貨信用證八折五核貸，其期限最長不得超過六個月。

3.貸款利率，目前訂為年息七厘。

各外滙業務銀行對於外銷產品訂有貸款實施辦法，對於外銷產品原料的採購，產品的加工，及產品運銷所需流動資金，均給予低利貸款，在核定貸款額度內，循環使用。

㈡免稅。對於外銷商品，除免徵營業稅外，對其貨物稅及進口原料應課之關稅，均用保稅退稅方式，予以免除。財政部對於各項輸出品使用進口原料者，均訂有一定之退稅比率，作為審核退稅之標準。最近並積極推行保稅倉庫辦法。

㈢輸出保險。為減輕對出口經營所產生之風險，中國產物保險公司奉准成立輸出保險部，由國庫撥付基金，專責辦理下列各項輸出保險：

1.普通輸出保險：對由於各項信用危險事故及輸出廠商或輸出契約之對方當事人不能控制之危險事故，致貨物無法於契約所訂裝船日起二個月內輸出、送達、或貨款無法收取之損失，予以承保。個案保險其屬於政治危險者保險金額最高為輸出金額之百分之九十；其屬於信用危險者保險金額最高為輸出金額之百分之六十。整批保險之保險金額另訂之。保險費率因各輸入國家之交易危險性增加，得視情況酌予調整費率一至三倍。基本費率其屬於政治危險者由一個月每百元二角四分而遞增；其屬於信用危險者由一個月每百元六分而遞增，最低保險費為新臺幣五十元。

2.託收方式外銷融資輸出保險：對於輸出廠商因其本身或契約對方當事人，不能控制之危險事故，致貨物無法輸出、送達、或貨款無法收取之損失，予以承保。其保險金額最高爲輸出金額之百分之八十。保險費率係根據各輸入地區及保險期間之長短而定。一般地區之基本費率其屬於付款交單者由一個月每百元二角五分而遞增；其屬於承兌交單者由一個月每百元四角九分而遞增。

3.託收方式輸出保險統保：對於輸出廠商及契約對方當事人無法控制之危險事故，所致之損失，承保機構負賠償之責。輸出廠商簽訂此項統保合約時，在承保期間內其全部D/P、D/A託收方式外銷業務，不分地區均應逐筆向承保機構投保。其保險金額最高爲輸出廠商各案輸出金額之百分之八十。保險費率係根據各輸入地區及保險期間之長短而定。一般地區之基本費率其屬於付款交單者由一個月每百元二角三分而遞增；其屬於承兌交單者由一個月每百元四角四分而遞增。

4.付款交單（D/P）輸出保險：輸出廠商以D/P方式輸出貨物，於有關契約文件及貨物到達輸入地後，由於各種原因契約對方當事人無法付款所致之損失，予以承保。其保險金額最高爲輸出金額之百分之八十，實際承保百分比則視進口商信用等級而定。基本費率由一個月每百元三角八分而遞增，如需加保政治危險照基本費率依不同之輸入地區而加計不同之比率。最低保險費爲新臺幣五十元。

5.承兌交單（D/A）輸出保險：輸出廠商以D/A方式輸出貨物，於有關契約文件及貨物到達輸入地後，由於各種原因契約對方當事人，不依契約承兌或無法付款所致之損失，予以承保。

其保險金額最高爲輸出金額之百分之八十，實際承保百分比則視進口商信用等級而定。基本費率由一個月每百元七角四分而遞增，如需加保政治危險照基本費率依不同之輸入地區而加計不同之比率。最低保險費爲新臺幣五十元。

6. 中長期延付輸出保險：對於輸出廠商或技術提供者，因各種危險事故致使輸出貨物之價款或提供技術及勞務之代價於結帳日期，不能收回而遭致損失，負賠償責任。（進口商對債務之履行滯延六個月以上者）。其保險金額最高爲輸出金額或技術提供契約所載金額之百分之九十。保險費率爲三個月以內按輸出金額或技術提供契約所載金額之百分之〇・四六計收，三個月以上每三個月加收百分之〇・二四。

以上六種保險，對於廠商輸出，分擔風險，減少意外損失，適時把握銷售機會，擴大外銷市場，頗有價值。惟目前一般廠商囿於舊習，並未充分利用。

第四節　加工品輸出輔導

所謂加工品，係指利用外國原料進口加工之產品，臺灣人力資源豐富，勞工工資較廉，因此對於發展加工品輸出，頗爲有利。政府對於加工品外銷及加工廠商之輔導，特別注重。惟此類產品外銷，因涉及出口與進口兩方，與一般情形不同，特訂有「輸入原料加工外銷輔導辦法」，俾與一般進出口案件分別處理。

加工品外銷，依其出口方式，可分爲一般加工外銷及委託加工外銷兩種。前者係指本國製造業者向國外購入原料加工出口，後者則係由外國廠商供應原料委託本國製造業者代爲加工出口，而以外滙或原料給付加工費用。

至於加工廠商又可分爲兩類，即一、本身有生產設備，製造加工品從事外銷之工廠。二、以經營加工外銷爲主要業務之普通商業機構。玆就一般加工品及委託加工品之輸出及其輔導，分述如次。

一、一般加工品輸出。凡從事加工品製造或經營加工品外銷業務之工廠或商業機構，其外銷加工品符合國家標準或國際水準，其製造品所需原料國內不能供應或國產原料售價高於國外原料進口成本CIF價格百分之十者，均可向國貿局申請外銷並輸入原料，經審查合格後，即予登記爲加工廠商，依照加工品外銷輔導辦法，予以輔導。加工廠商經登記後，得申請輸入原料以加工外銷，對於加工成品輸出，可依照規定之比率，予以登記外滙。登記比率分爲實用原料比率及增配原料比率兩種。實用比率爲每單位加工品所需進口原料之CIF價格佔外銷成品FOB價格之百分比。增配比率係在實用比率以外，參照加工品生產成本，外銷盈虧及國際市場競爭情形，另行加配之進口原料外滙。

二、委託加工輸出。加工廠商接受國外業者委託及供應原料，代爲加工出口，必須具有相當生產能力，且不致影響內銷市場之供應。其加工費之計算，無賤售勞務之情形。如以原料抵付加工費，該項原料對於國內經濟為有益者。由接受委託加工廠商檢具合約，向國貿局申請，經核准後，辦理原料進口及成品出口，並可按免結滙方式辦理。

三、登記外滙及其運用。加工品輸出，除有特別規定者外，一般情形可按其FOB售價照核定之登記比率，給予登記外滙。委託加工案件，如係以外滙給付工資，並先報准者，亦可給予登記外滙。此項外滙除供廠商本身使用外，亦可轉讓同業使用。

四、輸出之輔導。加工廠商如登記外滙不足應付外銷需要時，可申請預借登記外滙，由以後出口所得外滙中，分期扣還。其次，加工廠商並可向指定銀行或公營貿易機構，申請外銷貸款，以供在外銷品產製運銷運程中所需之原料及各項工繳週轉金用途，因利息低廉，並可以所得外滙償還，故予加工廠商甚大便利。再者，加工品外銷，依照外銷品退還稅捐辦法規定，其原料進口時應納各項稅捐，得以現金押稅，或洽由銀行出具保證，向海關或稅捐處申請記帳，於成品出口後，照核定之退稅標準，辦理退稅或沖銷，亦可依照「受信機構設立保稅倉庫辦法」，由授信機構統籌辦理保稅及退稅。

第五節　公營產品之輸出及國外投標

一、公營產品之輸出。我國公營事業產品之輸出，政府規定由中央信託局以代理人之地位，全力推銷。惟實際上臺灣省物資局亦承辦一部份，同時各生產事業間，亦有自行外銷者。目前公營事業輸出產品數量較大者，計有：糖、米、鹽、鋁錠及其製品、肥料、電石、固碱、樟腦、柏油、木材、菸草、酒、甘蔗板、鹽酸、漂粉、酵母粉等十餘種。

二、公營產品輸出之特色。公營產品之輸出，與民營產品輸出不同，有數特點，玆略述如左：

1. 品質劃一。由於公營企業生產設備較具規模，多係大量生產，故出品品質較為整齊劃一。

2. 報價統一。由中央信託局，以代理人地位經銷之關係，各貨報價統一，無削價競爭之弊。

3. 供應穩定。公營產品，生產規模較大，且有一定供銷計劃，可以源源供應，易收把握市場穩定銷路之效。

4. 產銷平衡。由中央信託局透過國外各分支機構及代表，作有力之推銷。同時可蒐集商情動態，調查國際市場需要，提供各生產機構參考，釐訂生產計劃，以使產銷保持平衡。

三、國外投標。中央信託局除經常向海外市場推銷我國產品外，並隨時注意各國政府機構招標採購之動態，凡屬我國可能供應之產品，均設法取得標單，及蒐集可能參加投標之各地供應商動態，及其可能投標之價格等，提供情報及分析意見，鼓勵國內廠商參加競標。或委託該局參加投標，由於該局在國際市場之信譽及經驗，故凡我國產品品質合於標單之規定者，往往能獲得投標。中央信託局代辦投標，且可代墊外滙，或出具保證函，請國外銀行代繳押標金。如限於當地政府規定，必須由當地商人出面投標者，該局亦可爲妥覓適當代理商代爲投標。是以對於拓展對外貿易，推廣產品輸出，收效頗宏。

第五章　輸入管理

第一節　進口貨品分類

近年來我國經濟迅速發展，輸出貿易逐年擴張，國際收支呈現有利順差，外滙準備繼續增加，此爲政府遷臺以來，不斷努力實施經濟建設之成果。惟目前我國經濟仍在繼續發展及成長階段，對於外滙資金仍須配合經濟建設，作有效之運用。因此對於輸入方面，仍須實施適當之管理。其最基本之措施，就是對於進口貨品實行分類，就其對於國內生產建設及民生日用等需要程度，分別優先次序，予以准許，管制或禁止進口，使有限之外滙資金，獲得最有效之運用。依照我國現行規定，對於進口貨品分爲下列三類：

一、准許進口類。此類貨品，可由貿易商自由申請進口。

二、管制進口類。此類貨品，貿易商不得申請，惟工廠、直接用戶或合於特別規定資格者，始可照規定專案申請進口。

三、禁止進口類。此類貨品，多係基於治安、衞生、教育文化、經濟、專賣等原因，嚴格禁止進口。

其次，對於進口貨品之改列入管制進口或解除管制，政府訂有「貨品管制進口準則」，茲將其要點略述如下：

一、自准許進口改列爲管制進口之規定。政府爲節省外滙支出，得將國內已有生產或代用品，且產量已足供國內需要之貨品，自准許進口類改列爲管制進口類。其屬於工業品者，尙須符合下列規定：

1.品質經檢驗合於國際標準或國家標準者。

2.出廠價格較同類貨品進口成本不高過百分之十者。

3.所需進口原料外滙不超過其生產成本百分之七十者。

管制進口之年限，經明文規定，自公告施行之日起算，以三年爲限。國內工業產品合於管制進口條件者，其生產工廠或公會得向經濟部提出申請，作爲實施管制之參考。

二、管制進口類貨品解除管制之條件。列爲管制進口類之貨品，如發現有下列情形之一者，經濟部即解除其管制：

1.基於外滙調度，對該貨品已無管制之必要者。

2.基於治安、衞生、教育文化、外交、經濟、專賣等原因，列爲管制進口類之貨品，其原因消滅者。

3.基於「貨品管制進口準則」第二條之規定而改列爲管制進口之工業產品，經發現與該條規定不符，或其合格率低於百分之九十者，如爲成藥或食品，應爲百分之百。

4.貨品之改列管制，係基於不實之申報或記載者

5.貨品列爲管制後，國內同類產品之製造商有壟斷市場妨害消費者利益之情事者。

第二節　進口簽證及結滙方式

依照現行外滙貿易管理有關法令之規定，進口貨品須事先申請核發輸入許可證，同時除自備外滙進口及不結滙進口貨品外，均應具備申請書件　向國貿局提出申請進口外滙，經核准並簽證後，向外滙業務銀行結購外滙。

依照現行辦法規定，進口簽證可以分爲一般進口簽證及不結滙進口簽證兩種。玆分述如後。

一、一般進口簽證。凡屬登記合格之貿易商，均可於接受申請日期內，隨時塡具進口外滙申請書，連同各種有關文件，向國貿局申請進口外滙。國貿局審核完畢並簽證後，即公告核准號碼。

二、不結滙進口簽證。凡國外贈送、貨樣、退貨、外國公司或外國人自用物資、外國人或華僑來臺投資輸入物資，均以不結滙方式申請簽證。由申請人塡妥申請書，連同證明文件，送國貿

局審核，審核結果，以通知方式通知申請人，領取輸入許可證，向海關報關提貨。

%至於進口結滙方式可以分爲：㈠採用信用證方式進口者，卽由申請人持批准外滙通知書，連同開發信用證申請書，結滙證實書等，向外滙業務銀行辦理結滙，領取輸入許可證，並由結滙銀行將信用證正本以電報或郵寄國外銀行，副本寄申請人。㈡採用寄售方式進口者，按現行規定，除國內已有貨品價格適當，品質合用，及非必需消費品外，凡屬准許進口類貨品，均准以寄售方式進口。惟其申請人以國外供應廠商在臺登記之代理商爲限。卽由代理商檢附寄售契約，向國貿局申請登記，經核准後，受託人始得通知寄售人依照契約發貨。每批寄售貨品到達，並辦妥寄售手續後，應塡具「進口外滙申請書」，連同有關證件，送國貿局核定後，憑指定銀行簽發之「輸入許可證」報關提貨。㈢採用託收方式進口者，申請人限於工廠輸入自用原料及常用消耗材料；同時以託收方式進口物資之國外發貨人，應以在臺有分公司或代理商者爲限。其付款方式，可以分爲付款交單或承兌交單兩種方式。託收方式進口案件，經核准後，應塡具「付款交單或承兌交單託收票據方式進口外滙申請書」，逕送國貿局審查。經核准外，如爲付款交單方式，應見票卽付，卽往外滙業務銀行按當日銀行賣出滙率結滙，交單提貨。如爲承兌交單方式，應於承兌滙票後，交單提貨，其外滙則應於滙票到期付款時，按結滙當日銀行賣出滙率，繳款結滙。

第三節　一般性輸入

凡一般進口貨品，不論其屬於准許進口類，或管制進口類，可由貿易商或其他合格之申請人，自由申請進口者，均屬普通輸入範圍。玆將有關此類輸入之申請規定，分別敍述如後。

一、貿易商申請輸入貨品。凡在國貿局登記合格，領有「進口外滙申請證」之貿易商，均可隨時自由申請進口外滙，以輸入准許進口類貨品，其數量及金額均無限制。玆將重要規定分述如下：

㈠凡屬接受申請之准許進口類貨品，貿易商均可於每週一至週五，向國貿局第四組提出進口外滙申請書，但申請西藥、中藥、無線電、種苗、雜糧等貨品，須領有各主管機關之特許營業執照者，始可提出申請。

㈡凡已由公營貿易機構統籌進口供應，或已另有專款核配之貨品，雖屬准許進口類，國貿局亦不予接受貿易商申請。

㈢申請進口貨品之條件，除自日本及越南進口，一律限以FOB價格計算外，其餘均規定用C£F或CIF條件申請。

㈣自西德、荷蘭、比利時、盧森堡、葡萄牙、瑞士、丹麥、瑞典、芬蘭、挪威等西歐國家進口貨品時，應於申請書及報價單內註明製造廠名稱及產地，並須於到貨時附繳產地證明書。

㈤在未核准外滙及領得輸入許可證前，不得先向外國定貨，亦不可先行裝運。其以寄售方式進口之貨品，可先行裝運，但須先行向國貿局辦理登記。至於託收進口，目前仍限於由工廠辦理，貿易商不得以此種方式申請進口。

㈥申請進口外滙經國貿局核准後，須於一個月內辦理簽證結滙，如逾期未辦，經國貿局再定七日以內限期，催告補辦，如仍未辦理者，則按規定予以定期或永久停止結滙之處分。

二、民營生產事業申請輸入機器設備、器材及原料。凡經工礦主管機關登記合格之民營生產事業，其所需之機器設備、修護器材及工業原料（包括准許進口類及管制進口類器材原料），屬於自用者，均可依照規定，於每週一至週五，隨時向國貿局申請進口，其數量及金額均無限制。經國貿局核准進口外滙後，應向外滙銀行辦理簽證及結滙等手續，其限期為三十天，輸入許可證有效期限為六個月。其申請機器設備外滙總價在五萬美元以上者，應附生產或擴充計劃兩份，送國貿局第三組核辦。申請加工外銷登記外滙者，由第二組核辦。其餘均屬一般性輸入，亦由第三組核辦。

三、直接用戶申請輸入貨品。凡申請進口自用物資之申請人，均稱為直接用戶，除前述民營生產事業外，尚包括漁業、農業、文化、宗教、慈善、新聞、廣播、電映製片、醫院、學校等事業或團體。其有關申請重要規定事項如下：

㈠可以隨時申請，以輸入准許進口類或管制進口類自用物資為限，不得轉讓或出售。

㈡申請人必須已經行政主管機關核准有案或發給證照者。

㈢申請案件，經國貿局移請各該主管機關核註意見，認為確屬必需進口者，始予核准，並核發通知書

㈣如屬管制進口類物資，應先辦理管制物資進口申請手續，經核准後，始可申請外滙。

㈤申請人於接獲核准通知後，應洽辦擬購物品之報價手續，並於三十日內憑核准通知書申請簽證及結購外滙手續。

四、華僑或外人投資輸入物資。華僑或外國人，擬向國內投資，應先遵照投資條例，擬具詳細投資計劃，送呈經濟部華僑暨外人投資審議委員會核定。然後由審議會將有關進口物資部份，函請國貿局第三組核辦。此項輸入物資又可分為輸入自用物資作為投資本金及輸入出售物資供建廠及週轉金用途者兩種，玆分述如下：

㈠輸入自用物資。指經核准輸入其所需之機器設備或原料，作為投資本金之用。其進口方式有兩種，即：

1. 核准投資人逕行以物資輸入，由投資人或其代理人，於接獲經濟部華僑暨外人投資審議委

員會「核定投資」通知後，檢具報價單及有關證件等，備文逕向國貿局申請簽證。

2. 核准投資人逕以其存在國外之資金滙存臺灣銀行，開立外幣存款戶，以原幣投資後，再准滙出一部份或全部，採購物資進口。以此種方式申請簽證者，經國貿局核准後，其辦理簽證結滙手續，與「自備外滙持有人申請進口物資」之方式相同。

上述以機器或原料進口期限，依規定自經濟部華僑暨外人投資審議委員會核定之日起算爲六個月。如未能依限進口者，應先向審議會申請展期，經核准後，再依輸入許可證延期辦法，向國貿局及外滙業務銀行辦理延期手續。

(二)輸入出售物資。指申請輸入出售物資，將其出售所得之新臺幣，用爲建廠及週轉金之需要。其申請規定大致與貿易商申請進口外滙相同，惟受下列各項限制：

1. 申請進口之貨品，以屬於「准許進口類」爲限。且一律限爲新品，即未經使用之貨物。

2. 申請之金額，以經濟部核定之新臺幣（折合美元計算）總額爲限。但可分次申請。

3. 申請之期限，依經濟部核准之日起算爲六個月，但經華僑暨外人投資審議委員會核准延期者，得再延期六個月。如投資計劃需時二年以上者，得申請國貿局專案核定輸入物資之期限。

申請輸入出售物資，經國貿局核定並簽證後，由申請人逕向外滙業務銀行辦理結滙手續。

五、自備外滙持有人輸入物資。依照外滙貿易管理辦法規定、外幣存款所有人，得以所存入之外幣，申請進口自用機器設備、原料、或出售物資；或作其他支付外滙之用。如用以申請進口自用或出售物資，須受下列各項限制：

㈠凡經政府核准登記之工廠，得申請進口限於自用之機器設備或原料。

㈡農業漁業及其他直接用戶，經主管機關證明用途後，得申請進口自用器材。

㈢經政府核准許可之貿易商，得申請進口「准許進口類」之物資出售。

㈣經政府立案之學校、文化、宗教、慈善團體等，在國外獲得之外幣捐款，經按外幣存款方式滙存外滙業務銀行者，得申請「准許進口類」之物資出售。

至於其申請進口物資及簽證結滙等手續，係比照貿易商、民營工礦事業、或直接用戶申請進口外滙辦法之規定。

六、不結滙進口物資。依照經濟部公布實施不結滙進口貨品辦法之規定，國外運寄之餽贈品或救濟品、商業樣品、廣告品、賠償補交貨品，向國外租借之自用機器設備、國外廠商無償供應之原料、外僑及華僑之自用物品、及其他經專案核定者，得向國貿局申請不結滙進口。所有不結滙進口之貨品，除賠償物品外，非經國貿局核定，不得出售或轉讓。

第四節　重要及大宗物資輸入

所謂重要及大宗物資輸入，是指進口物資需要專案申請，由國貿局第三組審查及核配外滙之輸入而言。其範圍包括如下：

一、公營事業進口物資器材。公營事業乃指政府設立之生產事業，公用事業，及兼有營業性之政府機關暨事業。其進口之物資器材包括下列各種：

㈠預定採購之經常維護器材。於年度開始前編製外購物資預定表，送由經濟部審定。然後根據核定之預定表，委託中央信託局或行政院駐美採購團，依照規定辦招標或議價，代辦採購。經決標後申請結滙進口。

㈡採購專案物資。對於必須進口之大宗原物料、更新設備或擴建所需之整套機器等，未列入預定表之物資，可專案申請核撥外滙。

㈢零星或緊急採購物資。向國貿局申請，經審核同意，委託中信局辦理。

㈣不結滙進口物資。指由國外贈與公營事業之自用器具樣品或原料，及公營事業向國外租借之自用機器設備。

二、公營貿易機構進口物資。目前公營貿易機構為中央信託局及臺灣省物資局，玆將其辦理進口情形，分述如下：

㈠中央信託局之進口採購及招標。中央信託局為國營貿易機構，執行政府集中採購政策，為其重要業務之一。凡政府軍政機關、公民營事業機構等，經請准外滙，由國外進口物資器材，依照行政院命令，均須委託中央信託局集中代辦採購。其採購方式，除特殊情形外，均以公開招標方式辦理。經投標及決標後，簽訂合約，其付款方式，通常爲以信用證方式辦理。如係分期付款，則於簽約後先付一小部份價款，餘款則由中信局或其他銀行向供應商保證，分期滙付。供應商交貨後，由國外銀行將貨運單據寄轉中信局，經背書後，轉送委託機關自行報關提貨。

㈡物資局之進口採購及招標。物資局係省營貿易機構，其業務爲調節物資供應，協助及輔導省營及民營企業生產及外銷等。其辦理進口業務情形如下：

1.自營進口。基於省內生產事業或一般市場之需要，由該局自籌資金，進口物資，藉以調節物資之供求，穩定一般物價。

2.代辦進口。接受省內生產事業之委託，代爲進口各種原料、材料及物料。所需資金，原則上由委託單位自籌，但亦可由物資局以輔導方式代爲籌墊。

至於其採購方式，一般物資採購，均以公開招標方式辦理。惟有些物資或因緊急需要，或因特別原因不能公開招標者，亦採用比價、議價或直接採購方式辦理。如係公開招標，經投標及決標後，由物資局與得標供應商訂約，並開出信用證交得標商，後者於收到信用證後卽裝船交貨。

三、國際性開發貸款進口機器設備。係指中華開發信託公司向美國開發基金及國際開發協會訂借之貸款，轉貸本省民營工業，用以向外國採購機器設備等器材之進口。此類輸入應塡具「不結滙進口申請書」，並檢附有關證明文件，送國貿局第三組審核，經核准並簽證後，向外滙業務銀行辦理結滙手續，進口器材。

四、航業公司購買輪船所需外滙之核配及進口簽證。公民營航業公司購置輪船，係依照交通部所訂發展航業計劃，及建造新船或購買現成船標準，向國貿局第三組申請核配外滙及辦理進口簽證。

五、其他如民營工礦事業進口整套機器設備，大宗物資統籌進口，及其他專案進口物資等，均應專案申請，逐案審核，經國貿局核准後，准予核撥外滙，辦理簽證及進口。

第五節　進口貸款

爲供應進口廠商所需進口原料器材短期週轉資金，由中央信託局或其他銀行所融通之貸款。包括工業購料貸款，委託購料貸款，加工品外銷之原料進口貸款，及到埠貸款等四種。玆分述於後：

一、工業購料貸款。目前由中信局及華南、彰化、第一等銀行辦理，其要點如下：

(一)貸款對象及用途。領有建設廳工廠登記證，經國貿局核准爲受配工業原料器材之工廠，經料器材爲限。

核財務情況及信用良好者，均可申請工業購料貸款。此項貸款以結滙購買經國貿局核准之工業原

㈡貸款額度及利率。每筆貸款以不超過該項結滙金額折合新臺幣七成爲限，以所購資物爲擔保品，按照行局質押放款利率辦理，每月結息一次。

㈢貸款期限及償還。貸款期限以貨品運達時還款爲原則，最長爲六個月。但視運輸情形，得申請酌予延展。在貸款期內，如進口貨單據寄達及貨品運到時，借款人應卽償淸貸款本息。

二、委託購料貸款。申請人向國外採購原料器材，委託中信局代爲辦理，同時向該局申請墊款。其貸款對象、用途、額度、利率、質押、期限及償還等，均與前述工業購料貸款相同。

三、外銷品原料進口貸款。政府爲推廣外銷，訂有外銷貸款通則，對於外銷廠商，就其外銷產品在產製銷售過程中所需之原料及生產週轉資金，得向銀行申請外銷貸款，前章已經敍及。其貸款用途之一，卽用以採購國外原料進口。

四、到埠貸款。由中央信託局辦理，其要點如次：

㈠貸款對象。凡進出口廠商，合法輸入各項物資，因一時無法籌付報關提貨費用時，均可向中信局申請到埠貸款

㈡用途及期限。用以支付關稅、貨物稅、港工捐、搬運力費、保險、倉租及印花等費用爲限

。期限最長不得超過三個月。

㈢利率及抵押。按行局質押放款利率計算，以代提之物資爲抵押品。

㈣到期還款。貸款到期，由申請人清償貸款本息。領回全部質押品。如採取分批還款，亦可按還款比例，領回部份質押品。

第六章　貿易廠商管理

第一節　貿易商管理

貿易商經營出進口貿易業務，無論其爲公司組織（包括外國公司的臺灣分公司），或非公司組織之商號，均須先依照公司法或商業登記法設立登記後，再依照貿易商管理辦法予以許可，接受管理。

一、營利事業申請許可爲貿易商者，須具備下列條件：

㈠申請前一年期間內積有出口實績美金十萬元以上。

㈡實收資本在新臺幣五十萬元以上。（如實收資本在新臺幣一億元以上並經貿易局專案核准者，則不受前項出口實績之限制）。

㈢有固定之營業處所。

㈣獨資行號，有限公司實收資本額最低新臺幣五十萬元，股份有限公司最低新臺幣壹百萬元。

二、新設貿易商許可與改組設立及變更許可之事項

㈠營利事業申請許可爲貿易商者

1.出口實績十萬美元以上，惟受讓他人信用證之出口實績，應折半計算。

2.代理進口（須經代理商登記並核准有案者）實績十萬美元以上。

3.中文或外文名稱，未與現有、已改組消滅、或已撤銷許可之貿易商中文或外文名稱相同者。

4.負責人非現有之貿易商代表人、經理人、會計人員、或已撤銷許可之貿易商之代表者。

凡具備上述條件之出口商或代理商，可備齊各項申請表件，向經濟部國際貿易局申請審定貿易商許可資格。經審定後，再向臺灣省建設廳或臺北市建設局申請核發貿易許可證。

㈡貿易商申請改組許可者

貿易商申請改組設立，承受許可資格者，依照規定，應具備下列情形之一，而無違法或糾紛，並由新組織出具切結，聲明承受舊組織經營進出口業務之一切權利義務，得申請變更登記，經主管機關核轉國貿局審定後，由建設廳換發貿易許可證。

1.二家以上之貿易商合併者。

2.獨資或合夥之貿易商，依法改組爲公司者。

3.公司組織之貿易商依法變更組織者。

㈢貿易商申請變更許可者

1. 貿易商之代表人、經理人、資本總額、印鑑或營業處所、特許營業執照號碼有變更時，應於營利事業變更登記後十五日內向貿易局辦理變更。

2. 貿易商受停止進口、出口或進出口申請處分者，在處分期限未屆滿前，不得申請變更貿易商之組織、代表人或經理人。

三、貿易商經營業務及應注意事項

㈠貿易商以經營准許進口或出口類物資輸出入爲限，不得申請禁止或管制進口類物資進口，或管制出口類物資出口。

㈡貿易商得接受非貿易商之委託，以委託人自備之外滙，或其申請獲准之外滙，連同委託書並繳驗進口外滙申請證，代辦進口。

㈢貿易商得對外保證。目前非貿易商經營出口，須有一家貿易商保證。故貿易商對於非貿易商之民營事業或直接用戶對外進出口業務，得爲保證。

㈣貿易商得接受國外廠商委託，爲臺灣獨家代理，並代爲報價。惟應先向國貿局辦理代理商登記。

㈤貿易商應依照商業會計法規定，設置專用帳簿。並須依照國貿局規定，每年申報營運資金調查表一次及每季申報存貨明細表一次。

㈥其餘應注意之事項甚多，其重要者爲貿易商應遵守商業道德，注重國際信譽，不得詐欺背信，低報或高報出口或進口貨品價格，不得逃避管制而矇混進口或出口，或將申請所得之外滙，轉讓其他貿易商進口。

㈦貿易商每一年度出進口總額未達美金五萬元或其他等值外滙者註銷其下年度進口資格，必須俟其年度出口金額達到上項標準後，得報請國貿局恢復其進口資格。

四、貿易商違反規定之處理：貿易商違反規定分，視其情節輕重及其性質，分爲三種處分，郎㈠停止進口結滙或出口簽證，㈡追繳外滙，㈢撤銷貿易商許可。

第三節　代理商管理

國貿局對於國外供應廠商在臺之分公司，或其所指定在臺灣之代理商，訂有代理商管理辦法。凡在國貿局辦妥代理商登記手續後，即可代其國外供應廠商在臺灣開發報價單，其國外供應廠商則應照報價單之內容，供應貨品。玆將有關代理商管理重要事項，分述如次。

一、申請代理商登記。凡下列各種行號，不論是否爲登記合格之進出口貿易商，均可依照「代理商管理辦法」之規定，向國貿局申請登記爲代理商。

㈠國外製造工廠在臺之分公司，經中國政府商業主管機關認許，並發給公司執照者。

㈡國外製造工廠之本國特約總經銷或出口總代理，在臺之分公司，經中國政府商業主管機關認許，並發給公司執照者。

㈢國外製造工廠遠東區總代理，或其總經銷之遠東總代理之在臺分公司，經中國政府商業主管機關認許，並發給公司執照者。

㈣本國公司行號，經主管機關核准登記，並發給公司執照或商業登記證者，經國外製造工廠或其經銷商，或二者之遠東區總代理指定其為在臺之代理商者。

二、代理商之報價。代理商可隨時向國內進口人開發報價單，至於是否向國貿局登記代理進口貨物之價格，則可由代理商自由決定。如先向國貿局登記其價格，如價格有變動時，可隨時申報更改價格。此後則代理商向國內進口人開發報價單時，不必再向國貿局申報。

三、佣金收入及申報。代理商登記時，應說明佣金給付方法，或在貨品價目表內標明定價及淨價，其差額即為佣金。代理商佣金應包括於貨價以內，不得向進口人另收佣金。再者，代理商應於每年一月及七月分別申報其半年所得之逐筆代理佣金，並註明結售外匯業務銀行所發水單、日期及號碼。

四、佣金滙入結售。代理商所得之佣金，應由國外供應商於收到信用證貨款後，六個月以內滙入。其他所得如代理實績獎金、推銷補貼、宣傳廣告費或回扣等，亦應於供應商付款後，三個月內如數滙入，並結售外滙業務銀行。惟如登記之代理商爲外國廠商之臺灣分公司者，其應行負擔國外之費用，准在其佣金收入百分之四十範圍內扣付。

五、代理商違反規定之處理。代理商違反規定者，依其性質及情節，分別予以報價失效（即不准報價），或撤銷登記之處分。

第三節　進口原料工廠管理

民營工礦企業，凡向國外輸入自用機器設備、器材、或原料者，依照民營工礦企業外滙申請及結購辦法規定，可以向貿局申請進口外滙，爲明瞭此類工廠進口原料之使用情形，及便於管理起見，特規定其應先辦理「申請進口外滙工廠登記」，經核准後，申領「民營工礦企業進口外滙申請卡」，然後憑卡申請外滙。

其次，凡經核准登記之廠礦，每年應分四次申報每季月底之存料調查表各一次。

至於其違反登記及因故停業註銷登記之處理，分別如下：

一、凡未依規定按期申報存料調查表者，第一次予以警告，仍准補報；第二次即予停止進口結滙三個月之處分。

二、已核准進口外滙簽證，並經催告後，仍未依期辦理結滙者，第一次停止其進口結滙申請一個月，處分期滿後，一年內再有違反者，停止其進口結滙申請三至六個月。受第二次處分期滿，一年內仍繼續違反者，永遠停止其進口外滙結滙申請。

三、申請進口之物資，在三年內，不得有轉讓出售情事，違者永遠停止其申請各種外滙之權利。但因進口物資申請人對之顯已無法使用，報經國貿局核定者，不在此限。

四、廠礦之負責人經營業務違反刑事法令，經法院提起公訴者，停止其進口結滙申請。

五、因故停業者，應於停業之日起，一個月內，申請註銷登記，並繳回原領之「民營工礦企業進口外滙申請卡」。

第四篇　我國外滙貿易概況

第一章　貿易總值之擴展

我國對外貿易，近年來有極爲顯著之進展，不僅貿易總值逐年急驟上升，且由於出口之增加率遠較進口爲速，民國五十三年，對外貿易已由長期入超轉爲出超，五十四年至五十九年因放寬進口管制及國外投資激增影響，復略呈入超。民國六十二年我國經濟繁榮呈現巔峯狀態，但隨着世界性停滯膨脹的蔓延，自六十三年第二季起卽出現二十餘年來未有的衰退現象，對外貿易呈現大幅入超。而六十四年却是我國歷年來對外貿易最爲艱苦的一年，由於世界經濟復甦遲緩，國際市場購買力萎縮，各國爲求收支平衡，一方面削價競銷，他方面又採取限制進口措施。加以國內積存高價原料頗多，生產成本增高，而工資又不斷上漲，外銷競爭力減弱，因此，六十四年我國的對外貿易乃呈減退現象。根據財政部海關統計，六十四年我國對外貿易總值爲一百一十二億六千餘萬美元，較五十四年之十億零五百餘萬美元，增加約一百零二億五千四百餘萬美元或九一．一%。其中出口總值自五十四年之四億四千九百餘萬美元，增至六十四年之五十三億零八百餘萬美元，約增加四十八億五千九百餘萬美元或一、〇八〇%。進口總值亦自五十四年之五億五千六百餘萬美元，增至六十四年之五十九億五千一百餘萬美元，約增加五十三億九千五百餘萬美元或九七〇・四%，其增加幅度較出口爲小。

就歷年來變動趨勢分析，自五十四年起，貿易總值逐年均趨增加，惟六十四年略至呈減少。其中出口方面，五十四年至五十七年，出口總值由四億四千九百餘萬美元遞增至七億八千九百餘萬美元，五十八年及五十九年，各年出口總值均超出十億美元以上，六十年及六十一年增至二十餘億美元以上，六十二年增至四十餘億美元以上，六十三年復增達五十六億三千九百餘萬美元，創歷年來出口之巔峯，六十四年略減爲五十三億零八百餘萬美元，較五十四年約增加十倍。至進口方面，五十四年至五十七年，進口總值由五億五千六百餘萬美元遞增至九億零三百餘萬美元，五十八年至六十年間，各年進口總值均有增加，達十餘億美元以上，六十一年增至二十五億一千三百餘萬美元，六十二年更增至三十七億九千二百餘萬美元，至六十三年復增達六十九億六千五百餘萬美元，創歷年來進口之巔峯，惟至六十四年反趨於減少，達五十九億五千一百餘萬美元，較五十四年約增加九倍多。

至歷年來進出口貿易收支情形，我國對外貿易在民國五十二年以前，始終呈現大量逆差，歷年來平均每年入超金額達八千萬美元左右，四十二年及五十年更高達一億美元以上，卽入超最少之四十四年，亦有五千六百餘萬美元，多賴美援挹注。五十三年輸出加速擴展，復以國際糖價上漲，出口總值激增，而進口總值增加較緩，貿易收支獲得改善，首次出現出超六百餘萬美元。五十四年至五十九年間，因政府放寬進口管制及國外投資激增影響，復呈入超，入超最少之五十五年金額爲八千六百餘萬美元，最多之五十六年金額爲一億六千五百餘萬美元。六十年至六十二年，因臺灣經濟之蓬勃發展，政府積極鼓勵輸出，對外貿易呈現大量順差，至六十二年出超金額高達六億九千餘萬美元，實爲政府遷臺以來對外貿易之空前紀錄。六十三年至六十四年，因受世界性經濟衰退之影響，出口總值增加較緩，進口總值激增，頓使對外貿易呈現大量逆差，尤以六十三年爲甚，入超金額高達十三億二千六百餘萬美元。十年來我國對外貿易之趨勢詳見表一。

表一　最近十年來對外貿易趨勢　單位：百萬美元

年度	輸出		輸入		輸出入總值		出(入)超金額
	金額	指數	金額	指數	金額	指數	
五十四年	449.7	100	556.0	100	1,005.7	100	(－) 106.3
五十五年	536.3	119	622.4	112	1,158.7	115	(－) 86.1
五十六年	640.7	142	805.8	145	1,446.5	144	(－) 165.1
五十七年	789.2	175	903.3	162	1,692.5	168	(－) 114.1
五十八年	1,049.4	233	1,212.7	218	2,262.1	225	(－) 163.3
五十九年	1,428.3	318	1,523.9	274	2,952.2	294	(－) 95.6
六十年	2,060.4	458	1,843.9	332	3,904.3	388	(＋) 216.5
六十一年	2,988.1	664	2,513.5	452	5,501.6	547	(＋) 474.6
六十二年	4,483.4	997	3,792.5	682	8,275.9	823	(＋) 690.9
六十三年	5,639.0	1,254	6,965.8	1,253	12,604.8	1,253	(－)1,326.8
六十四年	5,308.8	1,181	5,951.7	1,070	11,260.5	1,120	(－) 642.9

第二章　輸出情形

臺灣之輸出，近年來有顯著之進步，除出口總值迭創高峯外，在輸出貨品種類方面，已不再依賴糖米等少數項目，在輸出貨品性質方面，工業產品出口比例逐漸增高，而輸出之地區亦漸次擴展。

第一節　輸出貨品項目之變動

以往臺灣對外輸出之貨品，因受經濟條件之限制，以糖、米爲主，約佔出口總值七〇%左右，其他輸出貨品爲數寥寥，近年來國內工農各業不斷進步，對外輸出貨品項目，年年增加，其中某些新興項目如紡織品、電氣機械器材、夾板及木材製品、機械及一般金屬製品、基本金屬、塑膠製品、漁產品、運輸工具、橡膠製品、紙及紙製品、洋菇、蘆筍及鳳梨罐頭等，在短短數年中，即在輸出的比例上，佔有重要地位，而原有之項目，亦增加許多外銷之新產品，因此，不論質與量，均大有改進。

1. 紡織品：民國四十二年以前，紡織品均需仰賴輸入，四十三年起始有少量輸出，其後輸出金額年有增加，自四十八年起成爲大宗輸出品之一。五十四年其輸出金額爲六千五百餘萬美元，至六十四年輸出金額高達十六億一千九百餘萬美元，佔全年出口總值三〇・五%，爲最主要輸出商品。近二年來紡織品在國際經濟不景氣，已開發國家加強限制進口及韓、港激烈競爭下，能維持穩定的成長實屬匪易。

2. 電氣機械器材：電氣機械器材之輸出，自民國五十二年起始趨穩定，逐年增加，五十四年輸出值開始超過一千一百餘萬美元，五十八年增至一億一千八百餘萬美元，六十三年更增至九億九千餘萬美元，六十四年由於美、加兩主要外銷市場需求減退，致出口值銳減爲七億四千二百餘萬美元，佔全年出口總值一四%，居各類輸出貨品第二位。

3. 塑膠製品：爲近年來新興之外銷商品，民國五十四年輸出值僅一千一百餘萬美元，六十年已增至一億二千三百餘萬美元，六十二年再激增達二億七千一百餘萬美元，六十四年更增至三億六千九百餘萬美元，佔全年出口總值七%，居各類輸出貨品第三位。

4. 機械及一般金屬製品：亦爲近年來新興的外銷商品之一，民國五十四年輸出值僅一千一百餘萬美元，六十年輸出值開始超過一億美元，六十二年增至二億三千九百餘萬美元，六十三年更增至三億九千二百餘萬美元，六十四年略趨減少爲三億六千九百餘萬美元，佔全年出口總值七%，居各類輸出貨品第四位。

5. 夾板、木材製品及傢俱：此項貨品係自四十一年開始輸出，惟數量甚微，自五十年開始超出一千萬美元，成爲大宗輸出品之一，五十八年輸出值超出一億美元，至六十三年輸出金額高達三億七千五百餘萬美元，六十四年因受韓貨激烈競爭及市場需要減退之影響，出口值減爲三億三千餘萬美元，佔全年出口總值六・二%，居各類輸出貨品第五位。

6.糖及糖製品：民國五十三年以前，在臺灣出口貿易中，糖及糖製品輸出金額向佔第一位，惟其在出口總值所佔比重却逐年下降。五十四年輸出值爲六千餘萬美元，五十六年輸出值減至四千一百餘萬美元，六十三年輸出值激增至三億零一百餘萬美元，六十四年由於國際糖價回跌，輸出值又減爲二億六千七百餘萬美元，佔全年出口總值五%，居各類輸出貨品第六位。

7.漁產品：漁產品爲近年來之新興外銷商品，最初數年輸出金額甚微，五十四年輸出值僅爲一百餘萬美元，至五十八年輸出值開始超過一千萬美元，近年來因國際漁市行情看漲，六十一年輸出值約爲一億美元，成爲大宗輸出貨品之一，六十四年輸出值復增至一億八千八百餘萬美元，佔全年出口總值三・六%，居各類輸出貨品第七位。

8.基本金屬：民國五十四年輸出值僅一千六百餘萬美元，六十一年增至九千八百餘萬美元，六十二年却反減少爲七千八百餘萬美元，至六十四年回增至一億二千二百餘萬美元，佔全年出口總值二・三%，居各類輸出貨品第八位。

9.運輸工具：運輸工具亦爲近年來的新興外銷商品，民國五十四年輸出值僅一百餘萬美元，五十八年已增至一千一百餘萬美元，其重要性日益增高，至六十二年輸出值突破一億美元，成爲大宗輸出貨品之一，六十四年輸出值增達一億一千七百餘萬美元，佔全年出口總值二·二%，居各類輸出貨品第九位。

此外，蘆筍罐頭、石油煉製品、洋菇罐頭、橡膠製品、紙及紙製品等，近年來輸出值亦呈大量增加，惟香蕉則由於國際市場競爭激烈及日商百般刁難，其重要性已趨降低，六十四年輸出值僅二千餘萬美元。水泥及製品因國內建築市場需求特殷未能大量供應外銷，及韓、菲、泰等國劇烈競爭之影響，輸出值大受阻碍，六十四年其全年輸出值僅七百餘萬美元。十年來重要貨品輸出趨勢詳見表二。

第二節　輸出貨品性質之變動

臺灣輸出貨品，就其性質觀察，民國五十二年以前均以農產加工品爲最多，工業品次之，農產品居第三位。五十三年以後，臺灣輸出貨品性質結構，發生顯著之變化，工業品所佔輸出比重超越農產加工品而躍居第一位，農產加工品退居第二位。五十四年由於香蕉出口大增，農產品全年輸出值達一億一千八百餘萬美元，輸出比重增高至二六·三%；農產加工品全年輸出值爲一億三千四百餘萬美元，所佔比重却相對大幅降低至二九·九%；而工業品仍居第一位，全年輸出值

表二　最近十年來重要貨品輸出趨勢　單位：百萬美元

貨品別＼年次	五四年	五五年	五六年	五七年	五八年	五九年	六十年	六一年	六二年	六三年	六四年
紡織品	65.5	88.1	142.0	202.6	300.3	469.8	663.4	883.9	1,330.8	1,594.3	1,619.8
電氣機械器材	11.9	25.5	39.4	77.6	118.5	182.4	257.6	489.1	773.7	990.6	742.3
塑膠製品	11.6	17.5	11.7	9.2	7.7	7.8	113.1	170.3	271.0	354.3	369.7
機械及一般金屬製品	11.0	21.2	24.0	33.6	50.3	76.8	100.9	151.7	239.0	392.2	369.5
夾板木材製品及傢俱	29.3	38.8	57.4	80.6	102.3	102.9	160.7	242.0	414.7	375.4	330.9
糖及糖製品	60.5	55.0	41.5	47.4	47.3	46.2	57.6	84.6	91.1	301.6	267.2
漁產品	1.5	3.0	4.6	6.1	11.4	21.5	72.1	99.9	152.7	161.0	188.8
基本金屬	16.4	20.7	22.1	18.0	31.4	65.2	57.8	98.6	78.4	135.5	122.6
運輸工具	1.7	1.9	4.4	5.6	11.0	12.6	22.7	64.0	106.0	136.1	117.6
蘆筍罐頭	10.5	13.4	22.7	25.3	35.0	33.6	35.0	41.5	52.7	85.3	78.0
石油煉製品	0.8	2.6	4.6	4.6	7.0	6.4	30.9	39.2	47.9	62.8	60.8
洋菇罐頭	19.4	25.1	30.1	29.0	27.0	32.0	49.4	55.5	50.1	45.2	49.0
橡膠製品	3.6	5.7	7.1	9.4	11.7	14.6	24.7	27.8	36.9	63.7	47.4
紙及紙製品	3.5	7.5	8.1	6.8	7.5	10.8	16.6	19.7	22.8	30.0	38.7
香蕉	48.7	48.5	51.9	46.5	47.6	31.1	49.4	30.3	29.4	19.6	20.6
玻璃及製品	2.0	2.7	5.8	7.4	8.2	8.5	10.3	13.9	19.4	25.1	17.9
鳳梨罐頭	17.2	17.8	17.5	17.2	18.7	19.4	18.5	17.2	17.1	20.8	14.4
新鮮水果	3.5	4.7	4.9	5.1	7.1	9.8	12.4	14.7	14.0	12.1	12.1
水泥及製品	8.7	18.7	18.4	13.9	9.2	11.9	16.4	13.9	8.5	12.3	7.3
其他	122.4	117.9	122.5	143.3	190.2	265.0	290.9	430.3	727.2	821.1	834.2
輸出總值	449.7	536.3	640.7	789.2	1,049.4	1,428.3	2,060.4	2,988.1	4,483.4	5,639.0	5,308.8

註：本表中塑膠製品五十九年以前僅包括塑膠原料，至於塑膠鞋類因其屬服飾品，故列於紡織品中，部份塑膠製品則列於其他類。自六十年起修正將前述三類全歸入塑膠製品項內。

爲一億九千七百餘萬美元，佔全年出口總值四三．八%。五十五年以後工業品輸出值大幅增加，所佔比重亦逐年遞增。六十四年工業品全年輸出值高達四十四億四千餘萬美元，佔全年出口總值八三．六%；農產加工品輸出值爲五億七千二百餘萬美元，佔全年出口總值一〇．八%；農產品輸出值爲二億九千五百餘萬美元，僅佔出口總值五、六%，此一現象足以顯示臺灣經濟已由農業社會步向工業社會。

1. 工業品：民國五十四年工業品之輸出值一億九千七百餘萬美元，佔出口總值四三．八%，居輸出貨品之第一位，五十九年輸出值更增至十一億四千七百餘萬美元，佔出口總值八〇．三%。至六十三年全年輸出值激增至四十七億六千六百餘萬美元，佔出口總值八四．五%，六十四年由於電器及夾板製品外銷不振，本年工業品輸出值一反往年的快速成長首次呈現減退，僅四十四億四千餘萬美元，佔出口總值八三．六%，較五十四年增加四十二億四千三百餘萬美元，或二、一五四%，居輸出貨品第一位。

2. 農加工品：農產加工品在臺灣輸出貨品中，一向佔有極重要之地位。民國五十三年因臺灣工業進步，工業品之輸出值增加頗鉅，農產加工品全年輸出值雖高，但出口比重却退居輸出貨品之第二位。五十四年全年輸出值爲一億三千四百餘萬美元，佔出口總值二九．九%。五十五年以後，輸出值雖逐年增加，但輸出比重却逐年降低。近二年來，因蘆筍、洋菇罐頭輸出增加，輸出

表三　最近十年來各類貨品輸出趨勢　單位：百萬美元

年次	工業品		農產加工品		農產品		輸出總值
	金額	佔輸出總值百分比	金額	佔輸出總值百分比	金額	佔輸出總值百分比	
五十四年	197.0	43.8	134.6	29.9	118.1	26.3	449.7
五十五年	282.3	52.7	136.3	25.4	117.7	21.9	536.3
五十六年	394.8	61.6	148.4	23.2	97.5	15.2	640.7
五十七年	539.4	68.3	161.5	20.5	88.3	11.2	789.2
五十八年	776.4	74.0	174.5	16.6	98.5	9.4	1,049.4
五十九年	1,147.2	80.3	189.6	13.3	91.5	6.4	1,428.3
六十年	1,670.6	81.0	225.8	11.0	164.0	8.0	2,060.4
六十一年	2,488.8	83.3	295.7	9.9	203.6	6.8	2,988.1
六十二年	3,793.8	84.6	352.1	7.9	337.5	7.5	4,483.4
六十三年	4,766.2	84.5	603.2	10.7	269.6	4.8	5,639.0
六十四年	4,440.6	83.6	572.5	10.8	295.7	5.6	5,308.8

值略增，輸出比重亦逐年提高，至六十三年至六億零三百餘萬美元，六十四年因國際糖價回跌，全年輸出值減少爲五億七千二百餘萬美元，佔出口總值一〇・八%，較五十四年增加四億三千七百餘萬美元或三二五・三%，居輸出貨品第二位。

3.農產品：農產品歷年來因受產銷因素之限制，其輸出值始終未能大量增加，至五十四年輸出值始增達一億一千八百餘萬美元，佔出口總值二六・三%，五十七年輸出值下降至八千八百餘萬美元，佔出口總值一一・二%，六十年由於香蕉及新鮮水果等出口激增，農產品之輸出值復回升至一億六千四百餘萬美元，佔出口總值八%，六十四年輸出值更增至二億九千五百餘萬美元，佔全年出口總值五・六%，較五十四年增加一億七千七百餘萬美元或一五〇・四%，居輸出貨品第三位。十年來各類貨品輸出趨勢詳見表三。

第三節　輸出地區之變動

輸出市場的多元化爲我國對外貿易努力的目標之一，不過由於地理環境、貿易習慣及營運能力等須多方面配合的因素，不能一蹴而幾，雖然六十四年因對美、日出口比重降低，及對中東、非洲市場的積極拓展，貿易地區集中程度較以往略有改善，但今後我政府及民間業者仍須繼續努力，以赴事功。六十四年輸出值在一億美元以上之較大市場亦已增達十四地區，對於少數主要地區之依賴性已逐漸減少。

1. 近年來，美國及日本爲我國二大外銷市場，兩者合佔臺灣出口總值一半以上。但六十四年我出口地區中却以對美、日輸出減少最多，而以對中東地區的增加率最爲顯著，惟增加金額不大。民國五十四年，對日輸出佔出口總值之比重高達三〇・六%，近年來對日輸出值雖仍年有增加，但由於出口總值增加更速，以及其他輸出地區之加強推廣，其佔出口總值之比重反逐年下降，六十年對日輸出值雖增達二億四千五百餘萬美元，但輸出比重反降至一一・九%。六十四年對日輸出值達六億九千四百餘萬美元，輸出比重亦增高至一三・一%。而對美國之輸出，歷年增加較爲迅速，五十四年對美輸出值僅九千六百餘萬美元，佔出口總值二一・五%，居輸出市場之第二位。五十六年對美輸出值增至一億六千八百餘萬美元，比重增至二六・三％，超越日本而居輸出市場之首位。六十四年對美輸出值增達十八億二千二百餘萬美元，佔出口總值三四・四％。此外輸出值達一億美元之較大市場，至六十四年已增至十四地區，除原有之美、日兩國外，依次爲香港、西德、中東、非洲、加拿大、印尼、新加坡、英國、荷蘭、澳大利亞、中南美洲及韓國等地。而對歐洲、中東、非洲及中南美洲等地區之輸出貿易亦正積極擴展中。

2. 就對各主要地區輸出貿易變動情形而言，近十年來，對各主要地區之輸出均不斷增加，其中以對中南美洲之輸出增加最速，達五十九倍之多，英國次之，約增加三十九倍，次爲澳大利亞、印尼、荷蘭及中東增加約二十倍以上，再次爲加拿大、韓國、美國、新加坡、非洲、菲律賓、香港及西德增加約十倍以上，更次爲馬來西亞及日本增加約五倍以上。因此，由於輸出地區之擴展，日本、美國及澳大利亞在出口總值所佔比重均告降低，而香港、泰國、菲律賓、印尼、中東、非洲、西德及中南美洲所佔比重均見增高。

3. 就對各大洲輸出貿易變動情形而言，近十年來，均以對美、亞兩洲之輸出爲最多。五十四年至五十七年間，以對亞洲之輸出爲最多，但所佔出口總值之比重却逐年下降，由五八・九％降至四四・四％。五十八年至六十四年間，以對北美洲之輸出爲最多。五十四年對北美洲輸出值爲一億零五百餘萬美元，六十四年對北美洲的輸出值增至二十億零四百餘萬美元，較五十四年增加十八億九千八百餘萬美元或一、七九八%。對歐洲之輸出增加較為明顯，五十四年之輸出值為四千六百餘萬美元，六十四年增至七億九千七百餘萬美元，較五十四年增加七億五千一百餘萬美元或一、六一五%，其輸出比重亦由一〇・三%增至一五%。至於對中東及非洲之輸出亦有大幅之增加，六十四年對其輸出值均超過二億美元以上。而對大洋洲及中南美洲之輸出也有相當之增加，六十四年對其輸出值均超過一億美元以上。

4.就各主要地區貿易差額而言，六十四年對日本、泰國、馬來西亞、中東、澳大利亞及西德等地區貿易均屬入超；對香港、新加坡、韓國、菲律賓、印尼、非洲、荷蘭、英國、美國、加拿大及中南美洲等地區貿易均屬出超。在入超各地區中，以對日本入超最鉅，六十四年達十一億一千八百餘萬美元，次為中東，約為五億零四百餘萬美元，再次為西德、澳大利亞、馬來西亞、泰國等。在出超各地區中，以對香港出超最鉅，達二億八千八百餘萬美元，次為美國，約為一億七千餘萬美元，再次為加拿大、新加坡、荷蘭、非洲、中南美洲、韓國、菲律賓、英國、印尼等地。十年來主要輸出市場詳見表四。

表四　最近十年來主要輸出市場　　　　單位：百萬美元

六十一年 金額	六十一年 百分比	六十二年 金額	六十二年 百分比	六十三年 金額	六十三年 百分比	六十四年 金額	六十四年 百分比
942.4	31.5	1,587.1	35.4	1,829.1	32.4	1,714.6	32.3
376.9	12.6	824.2	18.4	844.0	15.0	694.2	13.1
229.4	7.7	295.8	6.6	338.3	6.0	363.0	6.8
45.7	1.5	63.8	1.4	68.9	1.2	67.8	1.3
73.1	2.5	129.6	2.9	135.2	2.4	140.7	2.7
41.7	1.4	53.5	1.2	159.4	2.8	119.5	2.3
18.0	0.6	29.0	0.6	46.3	0.8	82.1	1.5
78.2	2.6	118.3	2.6	127.5	2.3	177.7	3.3
15.2	0.5	30.9	0.7	58.3	1.0	43.6	0.8
64.2	2.1	42.0	1.0	51.2	0.9	26.0	0.5
54.3	1.8	74.6	1.7	143.2	2.5	207.9	3.9
70.7	2.4	103.6	2.3	157.0	2.8	202.6	3.8
67.6	2.3	128.5	2.9	216.6	3.9	141.8	2.7
52.2	1.8	107.8	2.4	191.1	3.4	125.6	2.4
15.4	0.5	20.7	0.5	25.5	0.5	16.2	0.3
337.3	11.3	576.4	12.9	823.8	14.6	797.6	15.0
135.3	4.5	215.3	4.8	306.3	5.4	316.3	6.0
57.8	1.9	89.2	2.0	136.0	2.4	136.3	2.5
56.8	1.9	112.2	2.5	150.1	2.7	137.6	2.6
87.4	3.0	159.7	3.6	231.4	4.1	207.4	3.9
1,391.0	46.5	1,848.1	41.2	2,242.0	39.8	2,004.4	37.8
1,251.3	41.8	1.677.1	37.4	2,036.6	36.2	1,822.7	34.4
139.7	4.7	171.0	3.8	205.4	3.6	181.7	3.4
52.9	1.8	73.8	1.6	112.7	2.0	124.5	2.3
71.9	2.4	91.3	2.0	114.6	2.0	115.4	2.2
2,988.1	100.0	4,483.4	100.0	5,639.0	100.0	5,308.8	100.0

五十七年		五十八年		五十九年		六十年	
金額	百分比	金額	百分比	金額	百分比	金額	百分比
350.2	44.4	433.6	41.3	561.5	39.3	673.3	32.7
127.9	16.2	157.6	15.0	215.6	15.1	245.1	11.9
72.3	9.2	93.1	8.9	135.9	9.5	160.0	7.8
27.1	3.4	27.5	2.6	25.2	1.8	31.4	1.5
22.3	2.8	25.6	2.4	35.9	2.5	46.3	2.3
14.6	1.9	21.8	2.1	27.9	2.0	36.8	1.8
13.2	1.7	15.4	1.5	16.2	1.1	21.2	1.0
5.3	0.7	12.7	1.2	32.6	2.3	44.2	2.1
11.3	1.4	9.6	0.9	12.0	0.8	14.6	0.7
56.2	7.1	70.3	6.7	60.2	4.2	73.7	3.6
12.7	1.6	19.1	1.8	19.4	1.4	27.8	1.3
18.9	2.4	28.1	2.7	42.5	3.0	49.8	2.4
12.5	1.6	16.7	1.6	22.2	1.5	41.8	2.0
11.7	1.5	15.5	1.5	20.4	1.4	35.2	1.7
0.8	0.1	1.2	0.1	1.8	0.1	6.6	0.3
73.2	9.3	103.7	9.9	149.4	10.5	203.8	9.9
45.8	5.8	54.1	5.2	71.0	5.0	88.1	4.3
10.0	1.3	18.0	1.7	30.7	2.1	40.3	1.9
6.7	0.8	9.0	0.8	14.2	1.0	30.2	1.5
10.7	1.4	22.6	2.2	33.5	2.4	45.2	2.2
313.3	39.7	438.7	41.8	616.6	43.2	974.4	47.3
278.8	35.3	399.2	38.0	565.7	39.6	859.3	41.7
34.5	4.4	39.5	3.8	50.9	3.6	115.1	5.6
7.7	1.0	8.3	0.8	16.4	1.1	26.8	1.3
0.7	—	1.2	0.1	0.3	—	62.7	3.1
789.2	100.0	1,049.4	100.0	1,428.3	100.0	2,060.4	100.0

國家＼年次	五十四年		五十五年		五十六年	
	金額	百分比	金額	百分比	金額	百分比
亞洲	264.7	58.9	316.1	58.9	338.9	52.9
日本	137.6	30.6	128.8	24.0	114.7	17.9
香港	27.9	6.2	33.0	6.1	51.1	8.0
泰國	16.5	3.7	17.7	3.3	25.6	4.0
新加坡	9.2	2.0	9.6	1.8	14.5	2.3
韓國	6.3	1.4	11.3	2.1	19.0	3.0
菲律賓	6.2	1.4	7.4	1.4	8.6	1.3
印尼	—	—	6.2	1.1	13.1	2.0
馬來西亞	5.5	1.2	4.1	0.8	8.4	1.3
其他	55.5	12.4	98.0	18.3	83.9	13.1
中東	9.8	2.2	10.3	1.9	9.1	1.4
非洲	15.0	3.3	17.0	3.2	23.0	3.6
大洋洲	5.9	1.3	6.8	1.3	8.9	1.4
澳大利亞	4.3	1.0	3.9	0.7	8.1	1.3
其他	1.6	0.3	2.9	0.6	0.8	0.1
歐洲	46.5	10.3	52.0	9.7	65.4	10.2
西德	29.5	6.6	29.5	5.5	37.6	5.9
荷蘭	6.0	1.3	8.6	1.6	11.7	1.8
英國	3.5	0.7	4.4	0.8	5.1	0.8
其他	7.5	1.7	9.5	1.8	11.0	1.7
北美洲	105.6	23.5	130.8	24.4	191.4	29.9
美國	96.5	21.5	116.9	21.8	168.6	26.3
加拿大	9.1	2.0	13.9	2.6	22.8	3.6
中南美洲	2.1	0.5	3.2	0.6	3.8	0.6
其他	0.1	—	0.1	—	0.2	—
總值	449.7	100.0	536.3	100.0	640.7	100.0

第三章 輸入情形

臺灣之輸入，近十年來，由於配合加速經濟發展之需要，而有顯著之變化，除進口總值迭見增加外，在輸入貨品種類方面，機械工具、原油、化學品、電氣機械器材、及運輸工具等項目之輸入值逐年增高。在輸入貨品性質方面，農工原料仍居主要地位，但資本設備之輸入比重亦逐年增高，惟近二年來略微降低；而輸入之地區亦漸次擴展。

第一節 輸入貨品項目之變動

近十年來，臺灣各類貨品之輸入較大，民國六十四年輸入值超過二億美元以上之大宗輸入貨品有機械工具、原油、化學品、電氣機械器材、基本金屬、運輸工具、玉米、黃豆、原棉及人造纖維共九項，其中尤以機械工具為近幾年來輸入最多之貨品，十年來約增加十二倍。

1.機械工具：為應國內生產及建設之需，近年來機械工具進口值頗鉅，民國五十四年輸入值為八千三百餘萬美元，五十六年增至一億三千八百餘萬美元，至六十四年輸入值更增至十億五千六百餘萬美元，佔全年進口總值一七・八%，較五十四年增加九億七千三百餘萬美元或一、二七三%，居重要輸入貨品第一位。

2.原油：原油為發展工業不可或缺之能源及原料，民國五十四年，原油之輸入值為二千二百餘萬美元，其後由於原油價格一再上漲，輸入值逐年增加，六十一年已增至一億七千一百餘萬美元，至六十四年輸入值更增達六億二千三百餘萬美元，佔全年進口總值一〇・五%，較五十四年增加六億零一百餘萬美元或二、七一九%，居重要輸入貨品第二位。

3.化學品：民國五十四年化學品之輸入金額為四千一百餘萬美元，五十八年已超過一億一千二百餘萬美元，至六十四年輸入值更增至六億零九百餘萬美元，佔全年進口總值一〇・二%，較五十四年增加五億六千八百餘萬美元或一、三八五%，居重要輸入貨品第三位。

4.電氣機械器材：電氣機械器材之輸入增加較為迅速，民國五十四年輸入值僅為三千四百餘萬美元，五十八年增至一億二千七百餘萬美元，成為主要輸入貨品之一。六十三年輸入值更增至七億七千二百餘萬美元，六十四年因電氣、機械等製成品出口大減，故原料的進口呈大幅減少，輸入值僅五億三千七百餘萬美元，佔全年進口總值九%，較五十四年增加五億零三百餘萬美元或一、四七六%，居重要輸入貨品第四位。

5.基本金屬：民國五十四年，基本金屬之輸入值為七千八百餘萬美元，五十八年已超過一億美元，至六十四年輸入值更增達五億一千餘萬美元，佔全年進口總值八・六%，較五十四年增加四億三千二百餘萬美元或五五二・八%，居重要輸入貨品第五位。

6.運輸工具，爲近年來新興之重要輸入品之一，民國五十四年輸入値僅四千五百餘萬美元，其後逐年增加，至五十八年輸入値增至一億二千三百餘萬美元，六十四年更增至四億四千三百餘萬美元，佔全年進口總値七・五%，較五十四年增加三億九千八百餘萬美元或八八四・三%，居重要輸入貨品第六位。

7.黃豆：五十四年黃豆之輸入金額爲一千九百餘萬美元，其後雖逐年增加，但迄六十一年止，其輸入値始終在一億美元以下，至六十二年始增至一億六千二百餘萬美元，六十四年更增達二千餘萬美元，佔全年進口總値三・七%，較五十四年增加二億零一百餘萬美元或一、〇四九%，居重要輸入貨品第七位。

8.原棉及人造纖維：歷年來均爲主要輸入貨品之一，五十四年輸入値爲四千五百餘萬美元，六十年始增至一億三千八百餘萬美元，六十四年更增至二億二千餘萬美元，佔全年進口總値三・七%，較五十四年增加一億七千四百餘萬美元或三、八一四%，居重要輸入貨品第八位。

9.玉米：玉米爲近年來較爲突出的進口貨品之一，五十四年輸入金額僅四百餘萬美元，至五十七年輸入値亦僅二千一百餘萬美元，民國六十二年輸入値始增至一億二千七百餘萬美元，至六十四年輸入値更增達二億一千二百餘萬美元，佔全年進口總値三・六%，較五十四年增加二億零八百餘萬美元或五〇倍，居重要輸入貨品第九位。十年來主要貨品輸入趨勢詳見表五。

表五　最近十年來重要貨品輸入趨勢　單位：百萬美元

貨品別 ＼ 年次	五十四年	五十五年	五十六年	五十七年	五十八年	五十九年	六十年	六十一年	六十二年	六十三年	六十四年
機械工具	83.0	85.5	138.5	152.2	212.6	222.3	291.3	302.2	520.3	1,196.7	1,056.7
原油	22.1	39.5	19.9	44.9	43.8	48.3	57.2	171.3	98.4	715.4	623.1
化學品	41.0	37.9	78.5	76.1	112.0	131.4	134.7	150.0	374.4	657.6	609.2
電氣機械器材	34.1	42.4	66.8	74.0	127.5	178.9	225.0	396.9	629.3	772.6	537.5
基本金屬	78.2	79.8	90.6	84.7	106.6	149.7	195.5	239.3	394.8	776.0	510.5
運輸工具	45.1	57.4	77.9	92.8	123.6	166.4	134.5	176.4	204.1	466.2	443.9
黄豆	19.2	20.0	43.2	44.2	52.3	73.5	71.9	96.4	162.1	154.3	220.7
原棉及人造纖維	45.7	49.0	63.8	68.3	84.2	97.0	138.3	129.3	219.6	251.4	220.0
玉米	4.1	4.2	8.9	21.0	23.6	41.6	36.9	81.4	127.2	169.5	212.8
食物飲料及菸類	40.3	45.6	18.0	18.0	23.6	31.4	36.9	47.1	61.0	166.2	163.1
木材	17.5	20.9	22.5	34.0	37.4	48.0	64.5	107.1	187.3	225.1	146.7
麥類	28.3	21.1	23.7	35.2	50.7	51.2	53.5	75.3	89.8	211.9	129.4
塑膠原料	10.0	11.4	15.1	15.8	22.6	24.4	29.5	40.5	93.9	140.0	113.7
紙漿紙及紙製品	10.5	11.1	11.3	10.1	16.7	22.9	25.8	30.3	39.3	80.4	57.0
醫藥品	11.2	11.2	10.8	11.9	13.0	16.2	16.6	26.8	33.5	49.3	45.6
染料、顏料	6.8	7.8	9.3	10.8	13.5	16.3	22.0	33.2	38.2	55.2	44.8
羊毛	11.4	10.0	5.6	2.5	12.5	13.3	12.9	18.6	26.8	13.8	19.3
其他	47.5	67.6	101.4	106.8	136.5	191.1	296.9	391.4	492.5	864.2	797.7
輸入總值	556.0	622.4	805.8	903.3	1,212.7	1,523.9	1,843.9	2,513.5	3,792.5	6,965.8	5,951.7

第二節　輸入貨品性質之變動

臺灣輸入貨品，歷年來就其性質觀察，均以農工原料爲最多，恆佔進口總值六〇%以上，其輸入值均呈增加之勢，五十八年以後增加更爲迅速，輸入比重却反逐年降低。資本設備之輸入，歷年來由於配合經濟發展之需要，增加較爲迅速，其金額及比重亦逐年增加，惟近二年來輸入比重略微降低，居輸入商品第二位。由於外銷不振、存貨尚未消化以及國內投資活動減退，故六十四年農工原料及資本設備進口值均較六十三年減少一五%左右。消費品之輸入，其金額多呈逐年增加，惟輸入比重在五十三年至五十八年間反呈逐年降低趨勢。

1. 農工原料：農工原料在臺灣輸入貨品中，向居極重要之地位，民國五十四年，其輸入金額已達三億五千六百餘萬美元，佔進口總值六四·一%。其後由於臺灣工業加速發展，原料需要增加，輸入金額乃逐年增多，惟輸入比重却多逐年降低，於五十八年已降至六一·一%，五十九年及六十年復回升至六三·四%及六四·二%。六十四年全年輸入金額突增至三十六億六千二百餘萬美元，佔進口總值六一·五%，較五十四年增加三十三億零一百餘萬美元或九二六·五%，居輸入貨品之第一位。

2. 資本設備：資本設備之輸入增加較爲迅速，民國五十四年資本設備之輸入金額僅一億六千

表六　　最近十年來各類貨品輸入趨勢　　單位：百萬美元

年次	農工原料		資本設備		消費品		輸入總值
	金額	佔輸入總值百分比	金額	佔輸入總值百分比	金額	佔輸入總值百分比	
五十四年	356.4	64.1	168.0	30.2	31.6	5.7	556.0
五十五年	395.4	63.5	193.4	31.1	33.6	5.4	622.4
五十六年	510.7	63.4	253.5	31.4	41.6	5.2	805.8
五十七年	570.5	63.1	291.4	32.3	41.4	4.6	903.3
五十八年	740.5	61.1	418.8	34.5	53.4	4.4	1,212.7
五十九年	965.3	63.4	485.2	31.8	73.4	4.8	1.523.9
六十年	1,183.4	64.2	569.7	30.9	90.8	4.9	1,843.9
六十一年	1,558.0	62.0	816.7	32.5	138.8	5.5	2,513.5
六十二年	2,291.5	60.4	1.288.3	34.0	212.7	5.6	3,792.5
六十三年	4,264.0	61.2	2,224.0	31.9	477.8	6.9	6,965.8
六十四年	3,662.3	61.5	1,887.9	31.7	401.5	6.8	5,951.7

八百餘萬美元，佔進口總值三〇．二％，其後輸入金額及比重均逐年增加，五十八年輸入值增至四億一千八百餘萬美元，輸入比重亦增至三四．五％，創歷年來之最高峯，五十九年至六十一年，輸入值雖亦增多，惟輸入比重却告減退。六十二年資本設備之輸入金額突增至十二億八千八百餘萬美元，佔全年進口總值三四％，至六十四年輸入值增達十八億八千七百餘萬美元，佔進口總值三一．七％，較五十四年增加十七億一千九百餘萬美元或一、〇二三％，居輸入貨品第二位。

3. 消費品：五十四年消費品之輸入金額爲三千一百餘萬美元，佔進口總值五．七％，歷年來輸入金額雖多呈增加，惟輸入比重却多逐年下降。近年來由於政府外滙充裕，進口管制適度放寬，消費品之輸入金額乃呈大幅增多，輸入比重亦逐漸增高。六十四年由於內銷國產品品質略見提高，又在經濟蕭條時期，對消費品的需求減少，消費品之輸入金額略減爲四億零一百餘萬美元，佔進口總值六・八%。較五十四年增加三億六千九百餘萬美元或一、一七〇%，居輸入貨品第三位。十年來各類貨品輸入趨勢詳見表六。

第三節 輸入地區之變動

1. 臺灣對外貿易之輸入地區，歷年來均以自美、日兩國輸入爲主，兩者合佔臺灣輸入總值五八%以上。自美國之輸入值，歷年來均呈遞增之勢，輸入比重則因輸入總值之激增以及其他輸入地區之擴展，反形降低。民國五十四年，自美輸入值爲一億七千六百餘萬美元，佔當年進口總值三一・七%，六十一年增至五億四千三百餘萬美元，但輸入比重反下降至二一・六%，六十四年自美輸入值更增至十六億五千二百餘萬美元，輸入比重亦回升至二七・八%。由於地理上及貿易習慣上的關係，日本一直是我國最大的輸入國家，因此自日本之輸入，增加較爲迅速，輸入比重亦多呈增高，五十四年自日輸入值爲二億二千一百餘萬美元，佔進口總值三九・八%，六十年增至八億二千七百餘萬美元，輸入比重亦增至四四・九%，創歷年來之最高峯，六十四年自日輸入金額更增至十八億一千二百餘萬美元，惟輸入比重却降至三〇・四%。此外，輸入值在一億美元以上之地區，六十四年亦增至八單位，除日、美兩國外，依次爲中東、西德、印尼、澳大利亞、非洲及英國等。而自歐洲、中東及非洲之輸入亦有增加之趨勢。

2. 就各主要地區輸入貿易變動情形而言，近十年來，自各地區之輸入值均呈增加，其中以印尼增加八百三十八倍爲最多，中東次之增加約三十倍以上，次爲韓國、西德增加約二十倍以上，再次爲非洲、英國、泰國、新加坡、荷蘭、香港、澳大利亞約增加十倍以上，更次爲美國、馬來西亞、日本及加拿大約增加五倍以上。

3. 就各大洲輸入貿易變動情形而言，十年來，自各大洲之輸入值多呈增加，但均以自亞洲輸入爲最多。五十四年自亞洲之輸入值爲二億六千一百餘萬美元，佔進口總值四七%，六十四年增爲二十三億六千七百餘萬美元，輸入比重爲三九・八%，較五十四年增加二十一億零六百餘萬美元或八〇六・三%。自北美洲之輸入，亦有相當增加，五十四年其輸入值爲一億八千三百餘萬美元，佔進口總值三二・九%，六十四年增爲十七億餘萬美元，輸入比重反降至二八・六%，較五十四年增加十五億一千七百餘萬美元或八二八・一%。自歐洲之輸入，增加較爲迅速，五十四年其輸入值爲四千七百餘萬美元，佔進口總值八・五%，六十四年增爲七億五千四百餘萬美元，輸入比重亦增至一二・六%，較五十四年增加七億零七百餘萬美元或一、四八八%。自中東之輸入，增加非常迅速，五十四年其輸入值僅二千二百餘萬美元，佔進口總值四・一%，六十四年激增爲七億一千二百餘萬美元，佔進口總值一二%，較五十四年增加六億八千九百餘萬美元或三、〇三八%。至於自非洲及大洋洲之輸入雖增加達十倍以上，惟因金額較少，輸入比重變動不大。十年來主要輸入市場詳見表七。

表七　最近十年來主要輸入市場

單位：百萬元

六十一年		六十二年		六十三年		六十四年	
金額	百分比	金額	百分比	金額	百分比	金額	百分比
1.340.7	53.3	1,899.6	50.1	2,973.0	42.7	2,367.2	39.8
1,042.9	41.5	1,427.7	37.6	2,214.9	31.8	1,812.2	30.4
41.0	1.6	56.8	1.5	176.8	2.5	69.9	1.2
42.4	1.7	62.0	1.6	81.9	1.2	58.3	1.0
59.7	2.4	99.5	2.6	117.0	1.7	74.8	1.3
36.0	1.4	55.3	1.5	46.2	0.7	33.3	0.6
44.6	1.8	101.2	2.7	181.7	2.6	167.7	2.8
12.7	0.5	42.0	1.1	67.6	1.0	59.2	1.0
19.0	0.7	26.6	0.7	52.9	0.7	35.8	0.6
42.4	1.7	28.5	0.8	34.0	0.5	56.0	0.9
182.6	7.3	135.2	3.6	826.0	11.9	712.5	12.0
48.5	1.9	54.9	1.4	83.5	1.2	135.2	2.3
84.9	3.4	116.5	3.1	182.1	2.6	184.3	3.1
76.1	3.0	101.3	2.7	165.0	2.4	159.5	2.7
8.8	0.4	15.2	0.4	17.1	0.2	24.8	0.4
227.7	9.1	466.3	12.3	1,019.9	14.6	754.6	12.6
91.6	3.6	203.3	5.4	475.1	6.8	371.5	6.2
37.4	1.5	73.2	1.9	157.7	2.3	127.5	2.1
19.0	0.8	41.8	1.1	75.4	1.0	52.8	0.9
79.7	3.2	148.0	3.9	311.7	4.5	202.8	3.4
571.1	22.7	980.5	25.8	1,744.6	25.0	1,700.2	28.6
543.4	21.6	952.5	25.1	1,679,9	24.1	1,652.1	27.8
27.7	1.1	28.0	0.7	64.7	0.9	48.1	0.8
58.0	2.3	117.7	3.1	95.3	1.4	60.7	1.0
—	—	21.8	0.6	41.4	0.6	37.0	0.6
2,513.5	100.0	3,792.5	100.0	6,965.8	100.0	5,951.7	100.0

五十七年		五十八年		五十九年		六十年	
金額	百分比	金額	百分比	金額	百分比	金額	百分比
454.5	50.3	651.0	53.7	814.5	53.4	1,021.4	55.4
361.6	40.0	535.9	44.2	652.8	42.8	827.2	44.9
24.8	2.7	28.7	2.4	40.9	2.7	27.0	1.5
10.7	1.2	19.9	1.6	29.4	1.9	31.6	1.7
12.9	1.4	19.0	1.6	27.3	1.8	39.4	2.1
21.5	2.4	19.7	1.6	20.7	1.4	31.2	1.7
2.4	0.3	6.4	0.5	11.8	0.8	21.0	1.1
5.0	0.6	4.8	0.4	15.1	1.0	10.4	0.6
4.5	0.5	6.6	0.5	5.3	0.3	8.1	0.4
11.1	—	10.0	0.9	11.2	0.7	25.5	1.4
53.3	5.9	54.1	4.5	62.0	4.1	80.3	4.4
8.4	0.9	7.8	0.6	10.3	0.7	13.6	0.7
20.4	2.3	41.0	3.4	51.4	3.4	66.1	3.6
18.7	2.1	36.4	3.0	48.0	3.2	62.0	3.4
1.7	0.2	4.6	0.4	3.4	0.2	4.1	0.2
88.8	9.8	117.5	9.7	148.9	9.8	197.6	10.7
36.6	4.0	48.6	4.0	61.9	4.1	80.2	4.4
15.9	1.8	20.4	1.7	26.0	1.7	30.2	1.6
5.6	0.6	7.2	0.6	10.1	0.7	23.0	1.2
30.7	3.4	41.3	3.4	50.9	3.3	64.2	3.5
257.4	28.5	307.0	25.3	380.9	25.0	422.3	22.9
239.5	26.5	291.8	24.1	363.9	23.9	408.3	22.1
17.9	2.0	15.2	1.2	17.0	1.1	14.0	0.8
14.4	1.6	30.6	2.5	51.6	3.4	42.6	2.3
6.1	0.7	3.7	0.3	4.3	0.2	—	—
903.3	100.0	1,212.7	100.0	1,523.9	100.0	1,843.9	100.0

年次／國家	五十四年		五十五年		五十六年	
	金　額	百分比	金　額	百分比	金　額	百分比
亞洲	261.2	47.0	303.2	48.7	393.2	48.8
日本	221.3	39.8	251.5	40.4	326.0	40.5
泰國	5.2	0.9	9.0	1.5	13.9	1.7
馬來西亞	6.3	1.1	10.5	1.7	16.6	2.1
香港	5.8	1.1	7.5	1.2	12.2	1.5
非律賓	13.2	2.4	13.8	2.2	13.4	1.7
印尼	0.2	—	0.6	0.1	0.8	0.1
韓國	2.0	0.4	2.6	0.4	2.9	0.3
新加坡	2.7	0.5	3.7	0.6	3.7	0.5
其他	4.5	0.8	4.0	0.6	3.7	0.4
中東	22.7	4.1	42.5	6.9	28.3	3.5
非洲	7.6	1.4	6.9	1.1	8.0	1.0
大洋洲	12.8	2.3	21.9	3.5	25.5	3.1
澳大利亞	12.6	2.3	21.0	3.4	24.5	3.0
其他	0.2	—	0.9	0.1	1.0	0.1
歐洲	47.5	8.5	54.9	8.8	74.8	9.3
西德	17.1	3.1	24.0	3.9	33.6	4.2
英國	8.6	1.5	10.0	1.6	10.7	1.3
荷蘭	4.0	0.7	2.8	0.4	3.9	0.5
其他	17.8	3.2	18.1	2.9	26.6	3.3
北美洲	183.2	32.9	174.2	28.0	259.1	32.2
美國	176.4	31.7	166.3	26.7	247.4	30.7
加拿大	6.8	1.2	7.9	1.3	11.7	1.5
中南美洲	15.4	2.8	16.3	2.6	11.9	1.5
其他	5.6	1.0	2.5	0.4	5.0	0.6
總值	556.0	100.0	622.4	100.0	805.8	100.0